高校体育教学模式研究

李斌 李涛 著

延吉·延边大学出版社

图书在版编目（CIP）数据

高校体育教学模式研究 / 李斌，李涛著． -- 延吉：
延边大学出版社，2024.5
ISBN 978-7-230-06586-3

Ⅰ．①高… Ⅱ．①李… ②李… Ⅲ．①体育教学－教
学模式－研究－高等学校 Ⅳ．①G807.4

中国国家版本馆 CIP 数据核字(2024)第 103724 号

高校体育教学模式研究

著　　者：李　斌　李　涛
责任编辑：秦立忠
封面设计：文合文化
出版发行：延边大学出版社
社　　址：吉林省延吉市公园路 977 号　　　　邮　　编：133002
网　　址：http://www.ydcbs.com
E－m a i l：ydcbs@ydcbs.com
电　　话：0433-2732435　　　　　　传　　真：0433-2732434
发行电话：0433-2733056
印　　刷：廊坊市海涛印刷有限公司
开　　本：787 mm×1092 mm　1/16
印　　张：9.75　　　　　　　　　　字　　数：176 千字
版　　次：2024 年 5 月　第 1 版
印　　次：2024 年 5 月　第 1 次印刷
ISBN 978-7-230-06586-3

定　　价：58.00 元

前　言

当前，体育事业在快速发展的经济、稳定的政治局面下得到了较好的发展。不管是在竞技领域、健身领域还是在社区、学校，体育运动都非常普及，尤其是在学校中。随着我国对教育的重视程度不断提高，再加上学校教育改革的不断推进，体育教学已经成为教育领域的重要研究课题之一。从某种意义上来说，体育教学的发展状况会对体育事业以及学校教育的不断发展产生一定的影响，因此，对体育教学进行分析和研究是非常有必要的。

在"全民健身"战略的号召下，我国大部分学校十分重视学生的体育锻炼，体育教学也随之得到了一定的发展和进步。随着体育教育水平的提升，高校体育教育工作者逐步认识到运动训练与体育教学之间的紧密联系，即运动训练与体育教学是相辅相成的，只有将运动训练与体育教学合理地结合起来，才能够保障体育教学的有效性，进而保障教学质量与水平。

本书共分为八章，第一章是体育教学及其研究，介绍了体育教学研究的概念、意义及方法，分析开展体育教学研究的要求。第二章是高校体育教学内涵，分别探讨了高校体育教学的思想、特点、规律及意义。第三章对高校体育教学模式进行了整体的概述。第四章到第七章分别对高校体育"模块式"教学模式、高校体育自主教学与合作教学模式、高校体育俱乐部教学模式、高校体育信息化教学模式展开论述，分析了这些体育教学模式的内涵与特征，以期为高校体育教学模式改革提供参考。第八章是高校体育传统项目教学模式探索，为武术项目、技击运动项目和舞龙舞狮项目在高校体育教学模式中的创新发展提供思路。

本书在撰写的过程中，参考和引用了一些学者关于体育教学的观点和相关资料，在此表示衷心的感谢。由于时间和水平有限，本书难免存在不足之处，恳请广大读者批评指正。

目　录

第一章 体育教学及其研究

目前，全面实施素质教育，促进学生健康成长，是摆在学校面前的一项艰巨的任务。体育教学作为学生健康教育的重要内容，受到广泛的关注，有关体育教学的研究也越来越受到重视。体育教学研究是提高体育教师教学能力和教学质量必不可少的工作，在体育教学过程中发挥着非常重要的作用。

第一节 体育教学和体育教学研究

目前，我国体育教学仍存在一些问题，这些问题在一定程度上制约了我国体育教学事业的进步。如何提高体育教学的质量，如何提高体育教师队伍的整体素质，如何根据社会需求对体育教学进行改革等成为优化体育教学应该面对的问题。

一、体育教学中存在的问题

从目前我国体育教学的发展情况来看，体育教学中仍然存在很多亟待解决的问题，这些问题一方面制约了体育教学实践的进步和发展，另一方面降低了学生对体育教学的参与热情。体育教学中存在的问题主要表现在以下几个方面：

（一）体育教学理论研究不充分

受素质教育的影响，为了全方面培养新型人才，我国对体育教学的重视程度越来高。受传统教学观念的影响，体育教学虽然一直贯穿学校教育的始终，但并未受到足够的重视。对于体育教学而言，教学理论研究不充分，一方面导致体育教学没有统一的标准，体育教师在对学生进行实践教学的时候，没有充分的理论指导；另一方面，体育教师缺少提升自身专业知识和教学技能的支持，不能持续充实自己的专业知识储备，制约了知识技能的完善。

（二）缺乏学理研究和方法研究

体育教学研究不同于真正意义上的科学研究，也不同于单纯的教育理论的研究。由于体育教学具有复杂性和实践性等特点，因此在体育教学研究过程中，要注重对其中涉及的一些变量进行研究，以保证体育教学更加符合教学实际和学生的成长特点。由于体育教学中缺乏对教学方法和学理的研究，因此体育教师在教学过程中，可能会对遇到的突发事件处理不当。这样的体育教学不仅不利于学生的健康成长和教学目标的实现，还会削弱学生参与体育锻炼的积极性，不利于体育教学的持续发展。

（三）简单照搬其他理论，缺乏可行性分析

体育教学与其他学科教学最大的区别在于体育教学更加注重教学的实践性。不同国家、不同年龄的学生所需要的体育教学的内容和方法有所不同，有的教师在进行体育教学的时候，照搬其他国家或学校的理论，未对这些理论进行可行性研究和分析。不根据实际情况对借鉴的外来理论知识和方法技巧进行筛选和整合，或不验证教学方法的可行性，最终都会导致体育教学背离社会的要求，影响我国体育教学的长足发展。

二、体育教学的目的

众所周知，体育教学是学校教育的重要组成部分，学校所开展的体育教学是体育终身教学的前提和基础，是有利于学生强健体魄的重要课程。因此，体育教学质量在一定程度上影响着国家和民族的生命力；不仅如此，体育教学质量也是社会文明进步的衡量标志。作为一名体育教师，必须明确体育教学的目的，强化学生对体育教学重要性的认识，培养学生参加体育锻炼的积极性。我国开展体育教学有以下几个目的：

（一）提高学生的综合素质

目前，我国的体育教学工作得到了蓬勃的发展，学生的身体素质也在不断改善。但必须注意到的是，受传统应试教育的影响，目前我国一些学校存在重智育、轻体育的现象，这既加大了学生的学业负担，也剥夺了学生休息和体育锻炼的时间，进而导致部分学生的体质状况不容乐观，出现肺活量降低、肥胖、近视、意志力薄弱等问题。因此，我国应该积极开展体育教学，以增强学生的体质，提高其综合素质。

（二）提高学生对体育锻炼重要性的认识

学生在体育锻炼的过程中，能够不断地提高自身的综合素质，获取基本的交际能力，提高对社会的认同感，从而认识到体育锻炼的重要性。这样学生才能积极地学习体育知识，主动参与体育活动。与此同时，学生提高对体育教学重要性的认识，能够发挥体育锻炼的主观能动性，激发健康向上的活力。

三、体育教学对体育教师的要求

体育教师是体育教学活动的组织者和指挥者，在体育教学活动中发挥主导作用。体育教师的能力和水平直接关系到体育教学质量。因此，若想不断提高我国体育教学的质量，就应该提高我国体育教师的知识水平和能力。经过对体育教学活动的调查和研究可知，体育教学对体育教师有以下几个方面的要求：

（一）具有丰富的体育教学知识和较高的教学水平

学生在教学活动中扮演着接受者的角色，所以体育教师的专业知识和教学水平直接影响学生的学习效果和教学的质量。为了不断提高我国体育教学的质量，积极响应新一轮基础教育课程改革的要求，体育教师应具有丰富的专业理论知识和较高的教学活动的组织和策划能力，这样才能从根本上优化体育教学活动。

（二）能够充分调动学生的学习积极性

体育是一门充满活力和创造性的学科，具有很高的灵活性和趣味性，能够帮助学生在锻炼中获得一些必需的知识和技能。虽然体育教学相对于其他学科教学而言，具有更多的趣味性，但是一些学生并不愿意参加体育活动，这主要是因为体育教师在教学过程中没有重视对学生的引导，没有根据学生的特点和爱好充分调动其积极性。体育教师首先应该具备选择教学方法的能力，应根据学生的兴趣、特点，策划一些有意义的体育活动，逐渐激发学生对体育运动的兴趣。

四、体育教学研究的目的

我国体育教学正处于积极探索、不断寻求进步的阶段，需要一套适合我国国情和学生特点的体育教学理论和方法。因此，开展体育教学研究成为提高我国体育教学质量的重要途径。体育教学研究的目的主要表现在以下几个方面：

（一）提高我国体育教学理论水平

相对于其他学科教学而言，体育教学起步的时间较晚，甚至还有一些学校忽略体育教学，导致我国体育教学在理论上存在很大的不足。我国的体育教学理论一方面沿袭了传统的体育教学理论，另一方面借鉴了其他国家的体育教学理论。但是，随着时代的发展，沿袭而来的体育教学理论已经不适应现在的教学要求，而且由于所适用的学生群体不同，借鉴的其他国家的体育教学理论与实际教学存在很大的矛盾。开展体育教学研究，能够在充分了解当前体育教学不足的基础上，对这些问题和不足进行深入的分析和研究，找出传统体育教学理论需要补充和修改的内容。另外，根据我国学生成长的特点，将借鉴的国外体育教学理论与修正后的传统的体育教学理论进行科学融合，完善我国的体育教学理论，提高我国体育教学理论水平。

（二）对体育教学进行改革

随着素质教育的不断推行，各类学科都在根据社会的需求进行教学改革，体育教学改革也受到了很多的关注。但是体育教学改革一直面临着理论研究不充分的问题，正因如此，体育教学改革无法为体育教学活动带去更多的有利因素，也无法提高体育教学的质量。体育教学研究应结合学生的特点、社会的需求与发展趋势，奠定体育教学的改革方向，不断优化体育教学方法，并运用假设和实验的方法进行可行性分析和研究，这样才能有针对性地改革体育教学。

（三）提高体育教师能力

随着社会的不断进步，每个学科对教师的能力要求都在不断提高。从教师的职业发展来看，教师是一个需要终身学习的职业，要随着社会的变化不断更新自己的专业知识和技能。目前，教学与研究相结合成为教师提高自身知识水平和教学能力，提高教学质量的必经之路。对于体育教师而言，他们在体育教学研究的过程中，能够发现并学到更多有关体育教学的知识；在不断发现问题和解决问题的过程中，能够获得有关体育教学的新知识，更加全面、深入、客观地认识体育教学实践；在不断研究的过程中，还能对所研究的问题进行总结，产生体现在体育教学方面的创造性。同时，体育教学研究能够促进体育教师之间的交流和互动，提升体育教师队伍的整体水平。

（四）规范体育教学流程

体育教学研究，实际上就是对体育教学过程中涉及的各种教学因素及教学规律进行研究。教学活动需要经历从起步到成熟、从适应到规范的过程，再加上体育教学本身具有的不确定因素，因此体育教学过程难免会受到一些不良因素的干扰，最终可能导致教学失败。教学实践和教学过程的规范性实际上是相辅相成的，教学流程在教学过程中起到指导性的作用，同时教学过程也在实际工作中影响着教学流程，使其不断完善和规范。开展体育教学研究的目的之一，就是通过对教学过程的监督和分析，找出教学流程中影响教学效果的因素，然后对其进行优化，不断地规范体育教学流程。

（五）提升我国体育教学研究团队的整体水平

优秀的体育教学研究团队，需要在研究、突破、创新中提高整体能力，如果一个团队缺少对本职业的研究，那么这个团队的整体水平会下降，同时也将失去竞争力。即使是同一个地区或同一所学校的体育教学工作之间也存在竞争的关系，在这种竞争逐渐激烈的市场环境中，如何不断突破自己，提升整个团队的科研水平，提升体育教学研究者的专业能力，是每一位体育教学工作者应该面对的问题。教育工作者从事体育教学研究，可以在研究过程中，提升自己的专业知识水平，优化自己的专业技能，增强自己在体育教学方面的能力，提高体育教学研究团队整体水平，提升体育教学质量。通过上述对体育教学目的及其研究目的的介绍，可以看出，随着体育教学地位的逐渐提高，教学研究已经成为当前体育教学过程中的新课题，也是体育教学工作者必须面对和探讨的课题，每一位体育教学工作者都应该积极地参与体育教学研究的工作中，不断地发现体育教学过程中的问题，创新自己的思路，保证体育教学质量的不断提高。

第二节 体育教学研究的概念及意义

体育教学研究是提高体育教学质量、完善体育教学方法和策略的主要手段。放弃对体育教学的研究，体育教学将失去进步的动力和条件。

一、体育教学研究的概念

体育教学研究，即借助科学的研究方法、研究手段，针对体育教学的现状和存在的问题，不断地完善体育教学的方法和手段，从而提高教学质量，借此向更多的体育爱好者和研究者揭示体育教学现象的本质及一般规律，是一项具有研究意义的工作。体育教学研究的根本目的是提高体育教学质量，不断地完善体育教学的理论知识。从对当前学校教育中体育教学的调查和研究来看，受应试教育的影响，一些学校忽视了体育教学的重要性，缺乏健全的体育教学理论知识，对体育教学的认识不足。随着素质教育的全面实施，各学校都应该加强对体育教学的研究，不断完善体育教学的理论知识，提高体育教学质量，从而提高学生的身体健康水平。提高体育教学质量的根本途径是解决体育教学实践中出现的一系列问题，因此，可以将体育教学研究的对象定义为"体育教学实践中存在的、影响体育教学质量的问题"，而不是体育教学中的一些理论问题。这主要是因为体育教学重视教学实践，体育教学中的理论知识只是实践教学的辅助，而体育教学实践是体育教学的最终表现形式。因此，若想不断地提高体育教学的质量，体育教学研究者应该对体育教学实践进行调研，从中找出存在的问题，然后根据这些问题对体育教学进行有针对性的研究。

体育教学研究是一项较为特殊的研究，因此，体育教学研究方法的选择也应该从体育教学的实际和本质出发，采用科学研究和教学实践研究相结合的方法，即从科学的角度分析体育教学实践中阻碍教育质量提高的主要原因，然后借助体育教学实践对分析的过程及分析结果进行验证，理论联系实际，解决体育教学中存在的问题，不断提高体育教学的质量。随着国家对学生健康教育重视程度的不断提高，对学生进行健康教育是每一个学校必备的课程内容。对于体育教学的研究者而言，只有清楚体育教学现象的本质，了解体育教学规律，才能将提高体育教学质量落到实处。

二、体育教学研究的意义

通过对众多学校的学生和教师的调查发现，目前有一些学生和教师认为体育学科是一个没有任何实质意义的学科。但是从培养学生的角度来看，体育教学是不容忽视的。在体育课上，教师可以采用多样的教学方式，借助各种有利于学生成长的体育活动，强化学生锻炼身体的意识，在活动中潜移默化地提高学生的心理素质、沟通交际能力等，促进学生身心健康成长和全面发展。

（一）体育教学研究可以促进体育教学理论的发展

相较于其他学科而言，体育无论是在教学理论还是在教学实践方面，都有待进一步发展。在当今体育教学的发展过程中，人们对体育教学的研究主要围绕一些运动、锻炼等活动开展。但是体育作为一门独立的学科，与运动、锻炼等活动在目的、内容、性质、意义等方面都存在很大的差别。因此，我国在体育教学中使用过的理论和方法，并不能真正满足当前社会对体育教学的根本要求。为了更好地保证体育教学的实施，提升体育教学质量，学校应该从当前体育教学的实际情况出发，从体育教学的特殊性出发，结合学生成长的特点，深入地研究和分析体育教学，制定出一套符合体育教学规律的理论和方法，指导体育教师教学。

（二）体育教学研究有利于体育教学的改革和发展

近年来，在教育改革政策和方针的约束、指引下，各个学段、各个学科的教学改革正在紧张地进行中，体育教学改革也如火如荼地进行着。但是，我国体育教学改革一直面临着几个方面的问题：首先，目前关于体育教学的理论研究不充分，无法准确把握体育教学改革的方向。其次，缺乏对体育教学方法的研究，缺少有利于提高体育教学质量的教学手段和方法，无法保证体育教学改革的进一步实施。最后，缺乏对体育教学改革过程中涉及的新理论和教学方法的可行性分析，无法衡量体育教学改革政策的适用程度。这三个问题制约了我国体育教学改革的发展。因此，科学的体育教学研究有利于正确把握我国体育教学事业的发展方向，推动我国体育教学的改革和发展。

（三）体育教学研究有助于体育教师教学能力的提高

随着社会的发展，信息更新速度不断加快，教学质量进一步提高，社会对教师的教学能力和知识储备的要求也在不断提高。因此，教学与研究互相渗透已经成为提高教学质量、完善教师自身素质的必由之路。体育教学研究能够从以下几个方面提高教师的教学能力：

第一，能够提高体育教师的教学设计能力。体育教师在研究体育教学的过程中，会增强"问题意识"，能更加清晰明了地拓宽体育教学设计的思路，完善体育教学的方法。

第二，能够不断地激发体育教师的创造性。体育教师在进行体育教学研究的时候，所接触到的体育教学方面的知识更加直观、全面，教学实践也更加客观、深入。

第三，能够帮助体育教师获得更多的新知识，不断地拓宽其知识面。

第四，能够促进教师之间的交流和合作，更好地帮助教师增长体育教学知识和教学实践经验。

第三节 开展体育教学研究的要求

一、明确体育教学研究的指导思想和目标

体育教学研究是一项有意识、有计划、有组织的研究性活动，体育教学类的研究活动离不开对体育教学价值的判断和思考。明确体育教学研究的指导思想和目标，就是把

握体育教学研究的方向，在研究的过程中极力发掘有利于体育教学发展的理论和方法。体育教学研究的指导思想是指导体育教学研究者行动的主要依据，缺少体育教学研究的指导思想就难以顺利实现体育教学研究的目标。特别是在我国深化基础教育课程教学改革的关键时期，只有明确研究目标、坚定研究思想，才能将体育教学研究的目的落到实处，不断提高我国体育教学的质量。

要明确体育教学研究的指导思想和目标，需要清楚体育学科的功能与价值、体育教学研究的指导思想、体育教学研究的目标，以及当前体育教学改革的方向。主要原因如下：

首先，体育学科的功能与价值是确定体育研究目标的前提条件，也是从事体育研究所必须掌握的条件，二者缺一不可。体育学科的功能与价值明确了体育教学在学校教育中的重要作用，为体育教学研究提供参考和研究方向的借鉴。

其次，体育教学研究的指导思想是保证体育教学研究顺利进行的重要条件。体育学科之所以能够上升到一门研究性学科，主要是因为我国已经认识到体育教学在学生成长和发展中的重要作用。只有明确体育教学研究的指导思想，才能保证体育教学研究有条不紊地进行。

再次，明确体育教学研究的目标是体育教学研究的先决条件。体育教学研究的目标是体育教学研究的指导，为体育教学研究指明了方向，奠定了坚实的基础。只有明确体育教学研究的目标，才能更加清楚体育教学研究的方向，明确体育教学研究的意义。

最后，明确体育教学改革的方向是开展体育教学研究的必备条件。随着素质教育的全面推行，体育教师在从事体育教学研究的时候，也应该清楚体育教学改革的方向。

二、明确体育教学的过程

体育教学既是体育教育活动的主要表达形式，也是保证学生健康成长的主要方法。但是，体育教学与其他学科的教学有着很大的不同，因此，明确体育教学的过程是体育教学研究的重点。明确体育教学的过程既是体育教学研究需要掌握的基本理论问题，也是体育教学研究活动顺利进行的前提条件。详细地了解和掌握体育教学的过程，明确体育教学过程中的一些基本步骤和内容，是正确认识体育教学的本质、特点和教学中所涉及的一系列教学规律的基础。对教育本身而言，体育教学过程是实现教育目标的途径，而教育研究的根本目的就是提高教学质量，教学质量的提高体现在教育过程中的每一个环节。因此，体育教学研究者必须明确体育教学的过程，这样才能保证体育教学研究具有教学针对性，起到提高体育教学质量的作用。对体育教学过程的了解和掌握主要包括以下几个方面：

（一）体育教学过程的特点

体育教学过程的特点是体育教学区别于其他教学的明显特征，也是了解体育教学过程所必须掌握的关键因素。体育教学过程是一个特殊的教学过程，也是一个十分强调实践性的教学过程，体育教学过程会受到很多不确定因素的干扰。因此，每一位体育教学研究者要非常明确体育教学过程的特点，这样才能更清楚地掌握体育教学的过程。

（二）体育教学设计

体育教学的过程实际上就是体育教师对体育教学进行设计的过程，体育教学设计要体现不同阶段学生的特点，所设计的教学活动要有利于学生的成长和发展。因此，体育教学设计是体育教学过程中的重要环节，是体育教学过程不断优化的有力保障。体育教学研究者应该具备体育教学设计的能力，清楚教学设计的功能和作用，这样才能促进体育教学研究的不断深入。

（三）"三段式"体育教学过程

"三段式"体育教学过程是指将体育教学过程分为开始、准备和结束三个部分，在研究体育教学时，要依照这三个部分对体育教学过程展开研究。"三段式"体育教学过程是保证体育教学过程顺利进行，保证体育教学质量的主要形式。因此，体育教学研究者应该具备对教学过程中"三段式"的理解和运用能力。

（四）体育教学方法

体育教学方法是体育教学过程的重要组成部分，它是衡量体育教学过程是否有利于学生成长和发展的主要依据。在进行体育教学过程的研究时，应该清楚每一种体育教学方法，详细地了解每一种体育教学方法的功能、价值及适用的学生群体，这样才能对体育教学方法展开可行性研究。

三、了解体育教学的内容

对于体育教学而言，体育教学活动的运动技术较为丰富多彩，而且每一种体育教学活动均有其特定的功能和作用。因此，体育教学的内容既是体育教学研究的方向之一，也是体育教学活动的载体，是体育教学能够顺利进行的保证。对体育教学研究而言，只有充分了解体育教学的内容，才能更清楚地确定体育教学研究的方向。除此之外，目前我国体育教学的现状不容乐观，教育内容也存在一些不足之处，开展体育教学研究的目的之一就是找出这些不足，不断地优化教学内容，填补体育教学内容上的缺陷，从根本上改善体育教学方法，不断地提高体育教学的质量。因此，了解体育教学的内容是体育教学研究尤为重要的条件。体育教学内容主要包括对体育与健康知识的了解、体育运动文化知识研究、体育教学内容的选择依据研究、体育教科书研究、体育教学计划研究等。在此，对当前一些需要了解的较为常见的体育教学内容进行阐述。

（一）体育教学内容的逻辑

体育教学内容较为复杂，这就需要体育教学工作者厘清各教学内容之间的关系，这样才能明确各内容之间的逻辑，便于研究过程中的分类与整合，保证教学研究正常进行。

（二）体育教学内容的选择标准和程序

体育教学内容的选择标准和程序，是体育教学研究中必须明确的问题之一，是进行体育教学内容研究和教学过程研究的前提。如果体育教学内容的选择标准和程序不明确，那么就无法保证体育教学研究的科学性。

（三）对民族传统体育的了解

近年来，在相关政策的引导下，全国各高校将民族传统体育融入体育教学，深化体教融合。民族传统体育是我国体育文化的重要组成部分，蕴含着丰富的文化内涵。面对如今多元的文化局面，民族传统体育文化的传承要从学生学习民族传统体育知识和运动技巧开始，让民族传统体育走进学校，让民族传统体育文化融入各个角落，扎根于学生的日常生活和学习中，强化学生文化意识和健康意识，化被动为主动，自觉进行民族传统体育运动，在提高学生身体素质的同时，传播民族传统体育文化。

四、考量体育教学条件

体育教学具有很强的实践性，因此体育教学离不开良好的物质条件的支持，同时，高质量的体育教学对教学环境也有很高的要求。在进行体育教学研究的过程中，研究者需要对教学条件进行充分的考量，主要包括掌握教学场地和器材的现状、清楚体育教学中所需场地和器材的标准、掌握新型运动器材和运动器具的用法等，保证体育教学研究过程的全面性和科学性。

（一）掌握教学场地和器材的现状

体育教学研究是对体育教学过程的研究，其根本目的就是不断优化体育教学过程，提高体育教学质量。因此，在对体育教学展开研究的时候，首先要对体育教学的场地和器材现状进行调查，以便更好地掌握体育教学的动态，从而对体育教学开展更为细致的研究。

（二）清楚体育教学中所需场地和器材的标准

不同阶段的体育教学对场地和器材有着不同的要求，这是保证体育教学正常进行的基础。在体育教学研究过程中，研究者应该清楚体育教学场地和器材的标准，再根据标准进行合理的研究，在研究中不断优化教学场地和器材。

（三）掌握新型运动器材和运动器具的用法

随着科学技术的不断发展，掌握新型运动器材和运动器具的用法逐渐成为体育教学研究的重要内容之一。每一种运动器材和运动器具相对应的教学目的，以及适用的人群均有所不同，为了保证体育教学研究的有效性，让新型运动器材和运动器具的作用得到充分发挥，体育教学工作者需要清楚新型运动器材和运动器具的用法。

第四节 体育教学研究的方法

体育教学研究是提高我国体育教学质量的方法之一，目前学界对研究型教师的需求越来越旺盛，体育教学研究逐渐受到更多人的关注与重视。只有掌握了先进的研究方法，才能保证研究的效果。由于体育教学具有一定的特殊性，因此在体育教学研究中尤其要注重研究方法的选择。

一、问卷调查法

问卷调查法是体育教学研究或其他学科教学研究时常用的一种方法，体育教学研究者在对研究目的进行认真分析的基础上，按照体育教学的特点和要求设计一些具有针对性的问题，然后确定调查对象，借助这些问题向调查对象了解更多有关体育教学的详细情况，或者向调查对象征询一些意见。体育教学研究者在具备体育教学研究所必需的条件的情况下，就要设计调查问卷，选择调查对象，然后进行问卷的回收和审查。

（一）调查问卷的一般结构

调查问卷是由题目、指导语、具体内容和编号这几个主要部分组成的，每一个部分都有其特定的目的和意义。

1.调查问卷的题目

对于调查问卷而言，题目就是调查的主题，从某种意义上来讲，它又是体育调查的目的。因此，在设计体育调查问卷题目的时候，应保证语言表述方式不能让调查对象产生反感。

2.调查问卷的指导语

实际上，调查问卷的指导语就是对开展体育调查的目的和调查中相关事项的说明。因此，指导语的主要目的就是让调查者更清楚地了解问卷调查的目的和意义，从而引起调查者对调查问卷中题目的重视和兴趣，争取得到调查对象的积极参与和支持。一般而言，体育调查问卷的指导语在表达方面要从被调查者的角度出发，体现被调查者的希望和意愿，同时指导语的内容应该简洁、准确。

3.调查问卷的具体内容和编号

体育调查问卷的具体内容主要包括体育调查问题的内容、问题编排的次序、希望被调查者回答问题的方式等。编号是指问卷中问题的编号，设计问题的编号主要是为了便于调查问卷中数据的整理和搜集。

（二）调查问卷中问题设计的基本要求

调查问卷的主要内容就是问题，由于体育本身就是一门复杂性的学科，为了保证体育调查问卷更符合体育教学研究的需要，在进行问题设计的时候应该满足以下基本要求：

1.保证调查问卷中的问题符合客观的实际情况

由于体育教学工作具有很强的实践性，因此在设计体育调查问卷的问题时，要保证所提出的问题符合体育教学的客观实际。不同地区和学校在体育教学方面存在一定差异，因此，在设计体育调查问卷的问题时，要从实际情况出发，对调查对象进行分析和了解。

2.问题必须清楚且明确

在设计调查问卷的问题时，要避免设计一些模棱两可的问题，这样会干扰被调查者的思绪，不利于调查的顺利进行。因此，要多设计一些客观实际的问题，以便被调查者做出回答和选择。

3.问题必须围绕调查目的展开

体育调查问卷原本就是体育教学研究者根据研究的目的制定的，主要是为了更好地开展体育教学研究。因此，在设计问题时应该紧紧围绕问卷调查的目的展开。

4.问题必须与被调查者有关

被调查者是体育问卷调查的对象，研究者根据他们填写的问卷，获取一些有益于教学研究的知识和信息，以便体育教学研究能够继续深入地开展。因此，调查问卷的题目设计要与被调查者有关。

5.调查问卷的长度要适当

体育调查问卷的长度要适当，如果问卷设计的题目过多、过长，就会引起被调查者的反感，影响他们在填写调查问卷时的积极性。如果问卷的长度过短或问题过少，研究者就不能全面地获取所需要了解的信息。因此，调查问卷的长度要适当。

（三）调查问卷的回答方式

调查问卷的回答方式有两种，分别是开放性回答和封闭性回答。

1.开放性回答

开放性回答是指某些问题没有特定答案，由被调查者根据自己的理解和内心的想法自由填写，一般用于预测和估计等探索类问题。开放性回答的灵活性较大，适应性较强，而且被调查者在回答这类问题的时候不受任何的限制，拥有更多自由回答和自我表达的机会。在回答问题的过程中，被调查者能获得一些较为丰富的具有较强启发性的材料。

2.封闭性回答

封闭性回答即研究者在设计这一问题答案的时候，详细列出有可能作为问题答案的选项，供被调查者选择。封闭性回答的调查问卷比较容易作答，一方面能够为被调查者提供更多参考内容，为被调查者节约更多的作答时间；另一方面，有利于研究者回收调查问卷，并统计、分析数据。封闭性回答的形式主要包括填空式、选择式、表格式等。

为了更好地完善调查问卷，可以将两种问答方式结合起来设计调查问卷，以适应不同问题，便于研究者对体育教学信息的了解和掌握。

二、教学观察法

教学观察法是在体育教学研究中运用最多的一种方法。体育教学研究者对体育教学过程中所涉及的一些行为进行观察，所以，教学观察法是在观察的过程中收集研究性资料的方法。

（一）教学观察法的特点

1.主观针对性

教学观察法的优点在于它具有很强的主观针对性，观察者可以在观察的过程中灵活地选择被观察的对象，这样就能主动地排除一些与研究无关的影响因素，使观察具有针对性。

2.客观真实性

客观真实性是指所观察的对象和内容都是客观存在的，具有真实性和可靠性，同时也使所观察的内容具有科学性。

3.集体合作性

由于体育教学的特殊性和复杂性，在采用观察法进行研究的时候，往往需要很多人合作完成，比较复杂。因此，在观察前期，可对参加观察法调查的集体成员进行培训，培养他们的合作意识，保证调查研究过程中观察的质量。

（二）教学观察法的类型

1.临场观察法

临场观察法是观察者直接处于观察对象所在的现场进行的一种观察方式。临场观察法能够使观察者及时掌握观察对象的变化，做出快速的反应，同时还能够使观察者身临其境地感受观察对象所处的环境，有利于体育教学研究的开展。

2.实验观察法

实验观察法就是通过观察者的亲身实验而进行的一种观察方法，实际上就是将观察与实验结合在一起，使观察者能够及时测量和观察实验过程中的指标变化，从而获得有关实验的结果，为教学研究提供更多可供参考的研究条件。

3.追踪观察法

追踪观察法所观察的是一个事物发展变化的过程，需要花费较长的时间。虽然追踪观察法会花费观察者很多的时间和精力，但是能够使观察者得到更多有关体育教学的实际情况。

（三）教学观察计划的制订

体育教学的观察计划实际上就是确定体育教学观察的步骤、程序的制订与安排，换言之，就是对体育教学观察法实行方案的研究。它在整个体育教学观察法中占据重要地位，是从事体育教学研究的工作人员进行观察的依据。

1.明确观察的目标与任务

观察的目标与任务是从事体育教学观察的前提和基础，是观察过程的指导思想，在整个观察过程中起到非常重要的作用。

2.选择观察的对象和指标

选择观察对象的时候要注意选取一些具有代表性的对象，这样所得到的结果也较有代表性和说服力。确定观察的指标也是观察过程中非常重要的一部分，要注意指标的有效性和客观性。

3.确定观察的步骤

确定观察的步骤就是梳理观察的操作环节，只有确定观察的步骤才能保证观察的过程井然有序，从而保证观察的科学性和有序性。

三、教学实验法

教学实验法是在教学研究的过程中对确定的研究假说进行可行性验证的方法。体育教学是一项对实践性要求很高的教学，因此每一种新的教学理论或教学方法的推行都应该经过教学实验法的甄选和过滤，确保教学理论和方法的可行性。

（一）教学实验的类型

按照教学实验过程中涉及的因素，可以将教学实验分为单项实验、综合实验和整体实验三种类型。

1.单项实验

单项实验是根据实验对象或实验因素而命名的，所以单项实验实际上就是对体育教学研究过程中的一个因素进行操作，以观测其行为效果的实验。在单项实验的操作过程中，实验者能够有效地控制实验变量，把握实验进行的方向。

2.综合实验

综合实验就是在体育教学研究过程中，对其中有着共同特性或者有着密切联系的内容进行综合研究的一种实验。综合实验一般适用于分析有密切联系的多个因素，便于对实验进行整体性的控制。

3.整体实验

整体实验是在体育教学过程中，对某一个独立的整体结构进行全面的、深入的实验操作。整体实验相对而言是一个规模较大的实验，需要同一地区的体育教学研究者共同参与，并且在实验过程中要兼顾体育教学过程中涉及的诸多因素。

（二）教学实验的基本因素

一个完整的教学实验是由自变量、调节变量、因变量和干扰变量组成的，每一种变量都在实验中发挥着重要的作用，应该处理好这几个变量之间的关系，保证实验的有效性。

1.自变量

自变量是不固定的因素，它会随着外界环境的不同而发生变化。虽然自变量难以被有效地控制，但是有效利用自变量能为教学研究带来意想不到的效果，促进教学研究成果的不断优化与完善。

2.调节变量

调节变量一般也被称为次变量，在实验过程中会使自变量发生改变。由于调节变量有助于研究者研究自变量的效能和性质，促进教学实验的开展，因此认识和研究调节变量具有重要意义。

3.因变量

因变量实际上就是自变量的附属体，是在自变量不断变化下产生的一种变量。例如，在体育教学过程中，学生的发展会导致教学模式发生变化。因变量是为了保证自变量更好地发展而存在的。

4.干扰变量

干扰变量是不利于教学实验研究的变量，其存在会对教学实验产生不同程度的干扰，影响研究者对教学实验的归纳和总结。因此，在教学实验过程中，应该严格地控制干扰变量，以防对教学实验造成不利影响。

（三）教学实验设计

教学实验设计是教学实验过程中的中心环节，教学实验设计的内容直接影响到实验的成果，继而影响整个体育教学研究的效果。因此，在教学实验过程中，要注重对实验设计的掌握。教学实验所涉及的实验设计一般包括以下几类：

1.单组末测实验设计

单组末测实验设计是教学实验过程中经常采用的一种实验设计方案，方法是从所实验的对象中挑选一个班或一个实验小组，引入一个与体育教学研究有关的变量。在经历了一段时间之后，收集这个班或实验小组的测评结果，然后将这个测评结果与最初的状态相比较，这样就可以进一步证实实验效果的真实性。

2.单组始末测试实验设计

单组始末测试实验设计能够帮助研究者更清楚地了解实验小组在实验前后的水平，确定实验效果的好坏，使实验效果更具说服力。这样的教学设计一般适用于较容易把握的教学变量，不适用于一些连研究者都无法把握的变量。

3.单组纵贯重复始末实验设计

单组纵贯重复始末实验设计是通过实验效果的反复对比，确定实验效果的一种实验设计类型。这样的实验设计十分强调充分对比的周期性，应尽可能地保证实验对象的稳定性。

四、测量法

测量法，顾名思义就是利用某种工具或器材进行测量，进而得出测量数据，利用这些测量数据对教学进行把握和研究的方法。

（一）测量的类型

由于体育教学涉及的内容较多，因此体育教学研究中的测量内容包括物理量的测量和非物理量的测量。物理量的测量是指利用某种直观的器械进行测量，从而得到具体数据的过程，如学生的身高、体重、血压等的测量。非物理量的测量是指借助某种标准进行比较，或运用统计的测量方法获得结果，如心理承受能力、社会适应能力、人际交往能力等的测量。

（二）测量的效度和信度

1.测量的效度

测量的效度是指测量得到的数据的有效性。对任何一项研究而言，测量后得到的一定是研究过程中需要进行分析的数据，是研究的条件和依据。若想保证研究的科学性，就需要保证测量所得数据的效度。测量的效度主要包括以下几个方面：

（1）内容效度

内容效度指的是测量内容的有效性，主要表现所要测量内容的特征。例如，想知道一个年级学生的体能特点，就应该测量学生的体能，这就是内容的效度。

（2）结构效度

结构效度是达成所测量内容的一种方法和构想，是检验测量数据是否与所要研究的问题相关的理论构思。例如，成绩测量的结构效度，强调用分数解释测量的过程和方法，而不是用学生的年龄或体能。

（3）同时效度

同时效度是选用一种已经被认为有效的测量作为标准，在测量的过程中，由测试者根据在新测试和有效测量中分别获得的数据估计效度的高低。例如，对学生表现成绩进行测量的时候，由学生和教师按照拟订好的测试标准进行打分，如果得分结果相差不大，就说明这一测试的效度较高。

2.测量的信度

测量的信度又被称为测量的可靠性，是对测量结果和过程真实性评价的指标。如果测量的信度较高，那么不仅受到外界干扰的概率较小，测量的效度也会较高，能够准确无误地测量出测量对象的特征。如果测量过程中的无关变量对测量结果的影响较小，那么测量的信度会较高。为了保证测量结果的准确性，通常要对测量信度进行检测，检测的方法一般包括重测法、复份法、分半法和内部一致性法。

（1）重测法

重测法表示测量过程的重复性，指的是为了更好地检测某种测量方法和标准的测量效度，测试者在测试一段时间后，以同样的方法和标准再次进行测试，如此反复，通过两次或多次测量数据的对比，分析测量信度的高低。

（2）复份法

复份法就是在对同一测试对象进行测试的时候，用两份资料或试题，然后计算并分析两种测量所得数据的关系。这样一方面能够避免重复测试给被测试者带来精神上的疲劳，另一方面也能有效地提升测试的效度。

（3）分半法

分半法是在测量的过程中将测试的全部试题分为奇数部分和偶数部分，经过一次测量之后，检测两边分数的关系。与前面两种测试相比，分半法较为简单。

（4）内部一致性法

内部一致性法是目前较为流行的且效果较好的一种测量方法，它分析被测试者和测试内容，从测量的构思层次入手，使测试项目形成一定的内部结构，并根据内部结构的一致程度判断测试的信度。

（三）测量法的要求

测量法是体育教学研究中一种较为常见的方法，其以数据为主导，比较注重数据的真实性。测量法的要求主要包括以下几个方面：

1.数量化

教学研究中的测量法与其他方法最本质的区别，就是把所研究事物的某种属性或特征以数据的形式表现出来，并且用可以比较的数字计算结果。

2.保证测量的效度和信度

由于测量法主要靠数据反映，因此应保证测量的效度和信度，这是衡量测量科学性和有效性的关键因素之一。对测试者而言，在测试过程中应该尽量排除无关变量的干扰。

3.采用适宜的数据处理方法

测量得到的数据是参考、比较测量结果的依据，因此在测试的过程中，除了要保证测试的效度和信度，还要强调数据单位的一致性，并采用适宜的数据处理方法。

第二章 高校体育教学内涵

第一节 高校体育教学的思想

一、"健康第一"教学思想

中华人民共和国成立初期，党和国家高度重视青少年学生的身体健康。进入 21 世纪后，我国对学生在体育教学中的全面发展投入了更多注意力，中华人民共和国教育部和国家体育总局在 2006 年共同发表了《关于进一步加强学校体育工作 切实提高学生健康素质的意见》。为全面贯彻党的教育方针，认真落实"健康第一"的指导思想，在全国亿万学生中掀起群众性体育锻炼的热潮，切实提高学生体质健康水平，中华人民共和国教育部、国家体育总局、中国共产主义青年团中央委员会共同决定，从 2007 年开始，结合《学生体质健康标准》的全面实施，在全国各级各类学校中广泛、深入地开展全国亿万学生阳光体育运动。2021 年，国务院印发《全民健身计划（2021—2025 年）》，提出推进全民健身融合发展。在关于深化体教融合方面，要求完善学校体育教学模式，加大体育传统特色学校、各级各类体校和高校高水平运动队建设力度，大力培养体育教师和教练员队伍。现阶段，我国学校体育教学应将"健身"和"育人"有机地结合到一起，让体育与其他课程共同系统、全面地实现学校教育"健康第一"的目标。

（一）"健康第一"教学思想的依据

1.符合世界发展潮流

1948 年，世界卫生组织指出，健康是指一种身体上、心理上和社会适应方面的良好状态，而不仅仅是没有疾病和不虚弱。随后，世界各地健康教育的开展情况呈现良好的势头。

为了与世界卫生组织提出的健康指导思想保持统一，我国也提出了"健康第一"的体育教学思想。1990 年 6 月，中华人民共和国国家教育委员会（现中华人民共和国教育部）和中华人民共和国卫生部（现中华人民共和国国家卫生健康委员会）发布并实施《学校卫生工作条例》，借助法律形式把健康教育纳入学校教学计划。一直以来，我国在体育教育与健康教育的改革和发展上做出了很多尝试，拓展了群众性体育活动的领域，采取多种方式吸引学生自觉参与体育锻炼，密切关注学生的生理健康和心理健康，使健康教育的发展速度更快、整体发展情况更平衡。2024 年全国教育工作会议指出，要坚定落实立德树人根本任务，持续促进学生德智体美劳全面发展，培养德智体美劳全面发展的社会主义建设者和接班人，以身心健康为突破点强化五育并举。如今，体育课程深受重视，中小学基础教育阶段和高等学校的体育教育工作都做出了相应调整，不管是哪类学校，都要求落实立德树人根本任务，密切关注学生身心健康。

2.适应了社会发展的需求

在当前的社会背景下，人们对健康教育的思考和认识更为深刻，越来越多的人开始关注健康。一方面，当今社会的持续进步为人们提供了很多便利，对人们的日常生活也产生了潜移默化的影响。很多学生的体力活动不断减少，身体素质呈现出下降的趋势。另外，在摄入过多动物脂肪、蛋白质、糖类等营养物质的情况下，很多人处于"亚健康"状态。有关社会调查显示，我国学生的营养状况并不乐观，营养不良和低体重的学生的比例较高，学生超重和肥胖现象也越来越普遍，近视率也逐年增高。学校及社会要深刻认识到这些问题的严重性。因此，重视对学生的体育教学、改善学生体质是一个重要的社会课题。学校要总结经验与教训，全面贯彻党的教育方针，加大学校体育工作的力度，普及健身、卫生和保健知识，广泛关注学生健康及体育卫生。众多实践结果证实，学生主动参与体育健身活动不仅能够达到强身健体的目标，还有助于抵御各种疾病，对学生的智力发展也有着积极作用。另一方面，随着社会的持续进步，国家综合实力的竞争日趋激烈，这种情况对我国教育而言是机遇，亦是挑战。我国要想在国家综合实力的竞争中占据优势，就必须培养出一大批优秀的人才，增强专门人才和劳动者素质的竞争力。培养出来的人才不仅要有正确的政治思想、稳固的科学知识基础及运用能力，还要拥有良好的身体素质。因此，为了更好地促进学生的身心健康全面发展，学校在教育过程中应当密切关注学生的生理健康情况和心理健康情况，坚持"健康第一"教学思想。

（二）"健康第一"教学思想与体育教育

近年来，"健康第一"教学思想在体育教学中的教学内容安排、教学方法选择、教学评价标准确定等方面得到了进一步贯彻落实。在体育健康教育中贯彻落实"健康第一"教学思想应注意以下几个方面：

1.落实体育健康教育标准

教师应调整体育教学的各项内容，向学生传授科学锻炼的知识，使学生的身体素质得到质的飞跃，使学生树立起终身锻炼的意识。同时，体育教学也应当依据学生体质健康测试标准，根据本地区气候、资源及学校自身的教学特点调整。应允许学生根据自己的爱好和特点自由选择体育项目，鼓励他们参与自己真正感兴趣的活动，从而熟练掌握适合自己的健身方法。另外，体育教学不应再强调各项目的达标情况，而应在培养学生的终身锻炼意识方面下功夫。

2.完善体育健康教育体系

体育本身就具备十分宽泛的知识面和深厚的文化底蕴，拥有多元教育价值。在体育教学的各个环节，教师应当科学地渗透体育人文学、运动人体学、健康教育学等方面的内容，突出体育锻炼的科学性特征和人文性特征，激发学生对体育的兴趣，促使学生自觉探究体育的深远意义，适当增添保证学生身心健康发展的常识性内容，让学生逐步形成健康的作息习惯，培养其健康的心理。

3.转变体育教学工作重心

在不断变化的社会背景下，体育教学应当把强身健体当成重要基础，推动学生的体质、心理、社会适应等方面健康发展。

（1）把学生的体质健康当成服务目标

一直以来，在全面的健康观中，体质健康是颇受关注的健康内容。贯彻和落实"健康第一"的教学思想，要求体育教学和健康教育都把促进学生身心健康、提高学生身体素质、培养均衡发展的人才当成重要目标。运动技术是学生锻炼身体的有效措施，此外，学生还应全面掌握体育和保健方面的知识，形成健康向上的锻炼习惯。

（2）在重视学生体质发展的基础上，重视学生的全面健康发展

随着知识的更新和各个学科的发展，社会竞争日趋激烈，没有强壮的身体、优良的体质、丰富的知识，是不能适应这种变化的。在这样的时代背景下，高校更要坚持"健

康第一"的教学思想。这对学校体育教育提出了更高要求，即培养身体健康、心理稳定、拼搏竞争、团结协作的新型高素质人才。一方面，高校应关注学生的心理健康。社会主义市场经济的发展带来的竞争机制越来越激烈，来自社会各方面的因素（如学习、生活、升学、就业、恋爱、婚姻等）对学生的心理产生了较大的影响，许多学生都存在着不同程度的心理问题。由此可知，体育教学应当把学生的心理健康教育摆到重要位置，促使学生的心理健康水平得到提升。具体而言，高校体育的组织形式应当与学生的实际需求密切联系，体育活动的目标应有针对性，立足于多个方面来评价学生的体育能力。另一方面，高校要把提高学生的社会适应能力摆在重要位置。体育是一种特殊的教育形式，在遵守特定规则的情况下，开展公平、公正、公开的体育竞赛，有助于创造和谐的人际关系，培养学生顽强的意志品质和集体协作精神，提升学生的心理调节能力，培养学生的社会公德和责任感，使其更好地适应社会环境。

（三）"健康第一"教学思想在体育教学中的应用

在现代体育教学中严格贯彻"健康第一"的指导思想，让学生拥有健康的体魄，为学生的终身教育打下良好的基础，是 21 世纪体育教育工作者应当完成的重要任务。在体育教学工作中贯彻"健康第一"的思想需要达到以下几个方面的要求：

1.提高体育教师的综合素质

随着体育教育的逐步发展，体育教师不能只采取传统的单一的教学模式，而要采用灵活的教学模式对学生进行多方面的培养。除此之外，体育教师还需要具备较高的科研探索水平。针对这两方面要求，体育教师需要掌握科学与人文方面的基本知识，以及稳固的体育基本功。

首先，体育教师要熟知信息科学、生命科学、环境科学等基础知识，了解体育教育的人文价值，熟练掌握学生素质发展的规律，努力提高自身的综合素养。

其次，体育教师要树立终身学习的思想，适应不断发展与变化的社会。体育教师需要与其他任课教师、学生及其家长等人员加强合作，以形成协调效应，共同促进学生的健康全面发展。

再次，体育教师应当不断地积累教学经验，主动参与各类体育教研活动，在体育教学过程中主动发现问题、探索问题、解决问题，使自己逐步发展成为同时具备探索能力和创造能力的教师。

最后，体育教师要着重提高监控教学的能力。教学监控是体育教学活动的重要组成部分。体育教师对教学的监控能力包括对教学活动的决策与设计能力、课堂组织能力和管理能力、评估学生知识和技能的能力等。

2.有机结合其他学科教育

学生在参与体育活动时，一定要保证充分摄入身体必需的营养，养成讲究卫生的良好习惯。所以，应当把体育教育和营养摄入、卫生教育密切联系在一起。高校应当适当增强对学生的营养指导，向学生传授与营养、卫生相关的知识。体育是健与美的有机结合，体育内容与形式充满美的感受。寓美育于体育可提高学生对体育的兴趣，丰富学生的审美体验，提升学生发现美、创造美的能力。现阶段，学校体育与营养、卫生、美育的有机结合已经有了良好开端，也初步取得了良好结果，但暂时未能形成完善的体系。这就要求各高校紧密结合学生的生长发育特点与生活实际，采用多元化教育方式开展体育教育，并将营养教育、卫生教育、美育融入其中，促进学生生理和心理的健康发展。

3.培养学生的健康意识

在体育教学的各个环节，教师均应采取多种方式把教学活动和学生的生活实践联系起来，促使学生逐步形成良好的健康意识，并让学生把所学知识自觉运用到实践中，主动做出健康行为。详细来说，学校和体育教师在培养学生的健康意识时，需要高质量地完成以下几方面工作：

第一，结合学生的实际情况，正确选择和运用适合学生发展的体育教材，组织学生参加体育运动。

第二，在教学过程中遵循适量原则，不应矫枉过正。

第三，加强对体育课外活动的指导力度。

第四，开展多种形式的体育比赛。

第五，有针对性地加强营养学、心理学、卫生、环保等方面的知识教育。

4.不断提高学生参与体育的能力

在体育教学过程中，教师应当高效地向学生传授健康知识与科学的锻炼方法，充分利用社会体育资源开展各种体育项目，让学生参与体育的运动水平得到大幅度提升。健康知识与科学的锻炼方法对所有体育锻炼的参与者都至关重要，然而传统的体育教学往往存在重视运动技术传授而忽视健康知识传授的问题。学生只有全面掌握了健康知识与科学的锻炼方法，才不会盲目地参与体育锻炼活动，才能更加全面地认识自身实际情况，客观地评价自己的锻炼效果。传统体育教学往往只重点考虑场地器材、教师情况、学生情况，而没有考虑学生在步入社会后能否继续坚持所学运动项目，即没有考虑到学生终身体育意识的培养。现阶段，体育教学各项工作的开展应立足学校实际情况，放眼社会，多开设社会体育设施，建设较好的项目，为学生发展终身体育奠定良好的基础。丰富的体育运动项目可以激发学生对体育运动的积极性，从而使学生逐步形成良好的运动习惯。所以，在体育教学中坚持各种体育运动项目的技术教学，可以培养学生对体育的兴趣。与此同时，要重视对健康知识和健身方法的传授，使学生在学校之外也能科学地参与体育锻炼。

二、"以人为本"教学思想

（一）"以人为本"教学思想的内涵

早在商周时期，我国的先辈们就已经提出了民本思想，指出人民是整个国家的重要基础。发展到春秋战国时期，齐国管仲提出"以人为本"的治国思想、儒家倡导"仁者爱人"、孟子提出"民为贵"等思想，都与"以人为本"教学思想有着密切关系。在西方，古希腊时期就出现了"以人为本"的理念与思想。到了近代，以人文主义思潮兴起为标志的欧洲文艺复兴，高扬人的意义和价值，对人的解放发挥了重要的作用。19世纪初，哲学家路德维希·安德列斯·费尔巴哈提出了"人本主义"的口号。之后，很多人本主义哲学家主张非理性主义，使人本主义理论体系更为完善。在人本主义思想的长期作用下，西方教育在教育观念、教育目标、教育内容、教育手段等方面都进行了大幅度调整，对现代体育教学的发展进程起到了很大的推动作用。马克思的"以人为本"思想建立在唯物史观的基础之上，从现实的人出发，以实践的观点为基础，用辩证的方式考察人及人类社会等一系列重要问题，从而形成了科学的理论思想。正是这样科学的理论为我国"以人为本"的科学发展观提供了正确的理论指导。在体育教学中贯彻和落实"以人为本"的教学思想，对我国实现科教兴国有重大意义。

（二）树立"以人为本"教学思想的重要性

进入21世纪之后，人们对"人才是社会发展的核心要素"有了越来越深入的认识。高校要坚定不移地实施科教兴国战略，深化学校教育改革，保证人才的全面发展。在社会不断发展的时代背景下，坚持"以人为本"的教学思想，是体育课程改革的必然要求。

在新的时代背景下，贯彻"以人为本"的教育理念对学校体育教育的发展和高校学生的身心健康发展都具有重要的意义。近年来，随着教育改革的不断深入，我国学校教育的发展成效十分显著。作为高校教育的重要组成部分，体育教育积极顺应时代发展趋势，大力更新教学观念，采取科学的、人性化的教学思想，深入改革创新，让学生在终身体育理念的科学引导下健康全面发展。"以人为本"中的"人"既是个体，又是群体；既具有自然属性，又拥有社会属性。教育发展要充分体现人民的新期盼，必须坚持人民至上的理念，不断满足人民群众的新期待。要深化教育改革，不断满足人民群众日益增长的教育需要。既要满足人民群众当前的教育需要，又要引导人民群众对教育的现实的、正确的、合理的需求，满足人民群众的长远需要，兼顾国家整体利益与人民群众的长远利益。

（三）"以人为本"教学思想在体育教学中的应用

当前，我国正面临着多方面的机遇和挑战，因此教育需要达到多方面要求。贯彻落实科学发展观，贯彻社会主义核心价值观，在教学中贯彻"以人为本"的教学思想是学校教育改革的必然要求。与此同时，我国现阶段的体育教学还面临很多需要解决的问题，表现出了许多不足之处。体育教育落实"以人为本"的教育理念，应当从以下两个方面着手：

1.以学生为本

学生是体育教学的主体，以独立生命个体的形式存在，有资格获得认可与尊重，所以参与体育教学活动的教师应当树立"以学生为本"的观念，进一步丰富办学资源，尽全力为学生创造有利的学习条件。教师应当本着对学生高度负责的原则，向他们提供其发展所需的知识、技能等教学资源；尊重学生的个体差异，促进学生个性发展；完善培养方案，构建科学的课程体系；探索有效的教学方式，增强教学的感染力、吸引力，激发学生的学习动力，调动学生学习的积极性。总之，在体育教学中贯彻以人为本的思想，就要关注学生的利益，树立为学生服务的观念，使学生获得全面且不失个性的发展。21世纪以来，我国学校教育以惊人的速度不断发展，体育教育也要适应新时代的发展潮流，不断革新观念，以科学的、合理的、人性化的教学思想为指导，让学生获得健康、全面的发展。简单来说，现阶段的体育教育应当把保障学生身心健康当成开展体育教学的基本前提和开展体育活动的立足点。在体育教学的实际过程中，教师应采取多种方式让学生认识到自己的主体地位，培养学生主动参加体育锻炼的意识。在培养学生主体意识的过程中，教师应做到以下几点：

（1）尊重学生

教师应当树立以学生为中心的教育理念，在教育过程中尊重学生的身体发展特征，遵循学生的发展规律。同时，对学生的个性予以尊重及肯定，贯彻落实因材施教的原则。

（2）宽容学生

推动学生健康全面发展是教师所有工作的最终目标。教师若想顺利达到这个目标，就必须对学习中存在问题的学生进行密切关注。学生之间难免会存在个体差异，所有学生都存在优势和劣势，教师应当正视这种差异，对学生的优势进行积极肯定，对学生的劣势多加包容，并予以正确引导。教师应当把握好严格管理和适当宽容的度，在具体的教学工作中，对学习进度较为落后的学生要付出更多的情感和精力，对他们给予宽容与理解，减轻学生的思想负担，使他们树立自信，激发内在的精神力量，帮助他们实现自我发展。

（3）丰富教学形式

体育教师在教学过程中应努力彰显学生的主体地位，采取多元化的教学形式（包括群体训练、小组合作练习、个人自觉练习等），推动学生自主学习。现代课堂教学是教师和学生共同探讨问题的重要阵地。教师在课堂教学中运用多种形式开展教学活动，让学生自主学习，彰显出"以人为本"的教学思想，有助于激发学生的内在需求，推动学生的不断进步。

（4）全面评价

学生体育教学评价的全面性很重要，全面评价需遵循"以人为本"的原则，充分重视学生的全面发展。通过全面评价，教师可以充分了解学生对体育学科的态度、参与体育锻炼的情况，以及对体育技能的掌握和运用情况，从而有针对性地调整课程教学方案，使学生实现更大的进步。在体育教学过程中，教师要注重对学生体育学习情况的评价。一般来说，体育教学评价主要是对学生的平时表现、身体素质、技能运用等情况进行评价。然而，由于学生的学习能力存在差异，体育能力强的学生往往很容易得高分，而体育能力较差的学生可能付出很多努力，但依旧很难得高分。因此，单一的评价方式无法客观反映学生的体育锻炼情况，也不利于激发学生参加体育锻炼的动力。由此可知，教师选用评价方式时应当尽可能全面、客观，联系学生的实际情况。

（5）构建和谐的师生关系

教师要正确认识学生之间的差异，对学生的独立性、个体性予以尊重，与学生构建平等、和谐的师生关系。具体来说，在体育课堂教学中，教师要善于采用鼓励性的话语激励学生、安抚学生。鼓励的话语可以给学生带来很大的安慰，可以使学生变得更勇敢、更自信、更有动力，从而达到良好的课堂教学效果。

2.以教师为本

教师的"教"是学校培养学生和推动学生发展的手段，所以体育教学过程中也要以教师为本。以教师为本需要注意以下几个方面：

第一，为体育教师提供良好的工作环境，为教师的工作量制定合理的标准，客观评估教师的教学，奖励表现良好的教师。

第二，时刻关注教师的发展情况。在体育教师管理方面，学校应当在各个环节贯彻落实人性化原则，不采取防范性和强制性管理，促使体育教师积极履行个人义务。

第三，给予体育教师应有的尊重与信任，给予体育教师一定的自由，避免过度限制体育教师的思想和行为。

三、终身体育教学思想

（一）终身体育教学思想的概念

终身体育是指人在生命中的各个阶段都要进行身体锻炼，接受体育教育与指导。具体来说，就是一个人的一生都要适应环境与个人的需要，进行身体锻炼，取得生活、学习与工作的物质基础。终身体育是终身教育的重要组成部分。终身体育思想的形成是人类自身和社会发展的必然要求。高校教师可以从以下几个方面理解终身体育：

第一，在时间上，终身体育贯穿于人的整个生命过程。

第二，在活动内容上，终身体育包括多个运动项目的内容，可以结合自身的兴趣进行选择。

第三，在人员上，终身体育面向的是全体公民，特别是高校学生。

第四，在意义上，终身体育有助于提升全体公民的总体素质，是推动体育强国建设的重要支撑。

终身体育是思想意识及行为倾向的有机结合。体育意识是终身体育的思想基础，影响人们终身体育思想的形成情况。终身体育强调个体生命所有过程的体育活动，即强调体育锻炼贯穿于生命的全过程。随着时间的推移，终身体育思想不断发展，在体育教育中的重要性越来越突出。将终身体育和全民体育统一是我国体育事业不断追求的目标。终身体育需要由相互联系、相互作用的学校体育、社区体育以及家庭体育共同配合，从而共同影响个体。

（二）终身体育教学思想的特征

1.终身性

终身体育彻底打破了以往体育教学过度重视运动技能学习的观念，发展并延续了学校体育教育。传统体育教学总是把个体接受教育的时间定位于在校期间，把学习及掌握体育理论知识和运动技能设定为体育锻炼的首要目标。终身体育是在尊重个体生长发育规律与阶段性特点的基础上组织个体参与身体锻炼。

2.全民性

终身体育具有全民性的特点，即所有人都可以接受终身体育，包括儿童、青少年、成人和老年人。以终身体育为指导开展全民健身运动，其实质是群众体育的进一步普及与发展。健康是一切活动的基本前提，人们想更好地生活，就应积极参与体育锻炼，并长期坚持下去。

3.实效性

实效性是指实施的可行性和实施效果的目的性。终身体育应当有清晰的目标，具体来说，就是一定要长期推动人们实现均衡发展，维持并提高人们的生活水平，提高人们的身体素质。广大群众为了提升生活水平，往往会结合自身的情况选择最佳的体育方式，其表现出的针对性特征和实效性特征都十分明显。从整体来看，终身体育锻炼应当设置明确的目标，推动学生实现均衡发展与终身发展。

（三）终身体育教学思想在体育教学中的应用

1.培养学生的终身体育意识

终身体育教育思想指导下的体育教学，不仅追求学生某一特定的运动技能的熟练程度，而且重视培养学生分析自身综合运动实践情况的能力，注重培养学生的体育兴趣，把帮助学生养成良好的锻炼习惯作为教学的重要目标之一。学校在以终身体育思想为指导进行体育教育的过程中，应当致力于提升学生的体育意识，具体措施如下：

（1）重视体育兴趣引导

心理学的有关理论证明，行为是在认识事物的前提下，在有动机和兴趣引发的基础之上产生的。在体育教学中，教师应当指导学生端正体育学习态度，制定适宜的体育目标，逐步形成持久、强大的学习动机，调动学生掌握体育锻炼与卫生保健等方面知识的积极性。除此之外，体育教师应当密切关注理论教学的实际效果，不断增强学生的终身体育意识，顺利实现体育的价值。

（2）重视体育习惯培养

体育教师应当指导并带动学生把体育锻炼习惯延续到校园生活以外，这不但有助于我国全民健身的发展，而且有助于终身体育社会价值的实现。

（3）重视体育素质培养

在体育教学过程中，体育教师应当制定详细的目标，对每节课及课外活动都要提出有针对性的要求，将健身设定为基础目标，并把技能、知识等方面的教育内容都渗透到培养学生终身体育意识的过程中。

2.重视学生自我发展与社会需要的结合

人们要根据年龄阶段、生活环境、职业特点等选择相应的锻炼内容和锻炼方法，进行不同形式的身体锻炼。学校体育教学为未来扮演不同社会角色的学生提供一个良好的参与体育的契机，指导他们参与体育锻炼，以便他们可以更好地适应社会。因此，终身体育不仅要促进学生在学校的发展，还要充分满足社会发展对学生未来的发展需求，这就要求体育教育同时重视学生的当前发展和长远发展。具体来说，在体育教学过程中，要实现学生自我发展与社会需要的结合，应该重点做好以下几方面工作：

第一，明确学生个体需要与社会需要的相对地位，这是正确处理学校体育发展与社会需要适配性的关键。

第二，明确学生需求和社会需求之间的联系。学生个体需要是促进学校体育文化发展的重要动力，社会需要是体育运动发展的外在要求。

第三，体育教学应当以学生为主体，努力让学生的学习需要和发展需要都能获得满足。

第四，灵活有效地处理学生个体发展和社会需要在各个发展阶段的矛盾。尽管社会需要和个体需要应当在终极目标上维持统一，但并不是指二者之间不存在矛盾。学生的终身体育发展为社会对人才的实际需求打下了基础，但学校体育教学涉及内容广泛，不能把社会需求当成唯一的服务对象，即不能过于功利化，要兼顾"以人为本""健康第一"等原则。

第五，重视学生对系统的体育基础理论知识、科学的身体锻炼方法的掌握，培养学生从事终身体育的能力。

第六，校园体育教学应时刻注重对学生的生理、心理、行为模式、思想意识等方面的调查与研究，同时以社会需要为基础，以"是否符合社会发展需要"作为衡量学校体育教学合理和成功与否的重要标准。

3.拓展和丰富体育教学内容

我国当前的学校体育改革目标，主要定位于让学生在有限的时间内掌握体育基础知识与基本技能，在未来可以独立、自觉、持续地进行身体锻炼，即践行终身体育。学校体育的重要任务之一就是培养并增强学生的终身体育观念，落实到行动上就是设置多元化的体育课程内容。具体措施如下：

第一，在体育教学中积极开展学生乐于接受的体育项目。

第二，适当组织各类运动的赛事，如篮球运动赛事、足球运动赛事、健美操运动赛事等。

第三，在体育教学中适当安排长跑等锻炼内容，同时结合季节特征作出相应安排。

第四，指导学生密切关注体育界的最新动态，向学生传授体育竞技规则与裁判的基础知识，详细解说大型体育赛事的技巧。

第五，支持学生自行组织比赛，培养学生的自我组织能力和参与体育活动的意识。

第六，开设体育选修课，让学生选择自己感兴趣的体育项目，从而发挥自己的体育特长，养成良好的体育习惯，为终身体育打下坚实基础。

4.不断提升教师的综合素质

教学是教师最基础与最核心的工作，教师的教学能力往往对体育教学质量产生重要影响，所以体育教师应当借助多种方式提升教学能力和教学质量。

首先，教师应树立起重视体育教学的意识，并在教学过程中积极贯彻落实。国家未来需要的人才是健康的人才，所以体育教师需要时刻考虑如何将学生培养成全面发展的新型人才。

其次，在体育教学过程中，如有意外情况出现，教师可以对课程进行适度的调整。体育教师不应拘泥于提前设计好的方案，而应当用不断变化的视角观察课程方案实施的情况，然后结合实际情况，合理调整课程，从而更好地指导学生的体育学习。

最后，体育教师应当积极适应时代发展的实际需求，在体育教学过程中积极进行自我更新与自我优化，树立新的教育观念，选用切实可行、创新性高的教学手段开展各项教学活动，激发学生参与体育运动的主动性，调动学生参与体育活动的兴趣，培养学生形成良好的体育锻炼习惯。

第二节 高校体育教学的特点

一、内外合一的健身系统性

体育教学的对象是学生，学生具有很强的可塑性，体育教学的每一个步骤都将直接影响学生成长。良好的体育教学效果不仅体现在学生外在的流畅的肌肉线条、发育完善的骨骼、健全的内脏器官等生理性指标，还包括心理健康发展。体育教学内外合一的健身系统性体现了身体发育的有序性和全面性。

（一）身体发育的有序性

身体发育的有序性表现为学生身体形态发展的"序"和身体主要器官发展的"序"。

1.身体形态发育的"序"

身体形态指体格、体型和身体姿势。不同年龄阶段的形态指标具有不同特征。人的身体形态生长发育顺序是头部优先，上身次之，下肢在后，所以婴儿的头大，上身长，下肢短；第二次突增期后，下肢迅速发育，其次是躯干，而头部发育则不明显。在形态发育过程中，由于骨骼的发育快于肌肉，所以人体各长度指标（身高、上下肢长、手长、足长等）的增长领先于围度或宽度指标（胸围、臀围等）。此外，随着年龄的增长，学生的体型也不断发生变化。从学生形态发育的年龄特征来看，体育教学中的"有序"表现在应当加强学生快速发育期间的合理的运动锻炼，增强对骨骼的血液供应，促进骨骼的快速增长。此外，体育锻炼时肌肉活动加强，肌肉需要更多的血液供应，以补充消耗的氧气和营养物质，因此体育锻炼可以促进肌肉增长。在第二次生长发育期间，学生很容易出现脊柱异常现象，此时家长和学校一定要注意培养学生正确的坐、立、走、跑等身体姿势，加强胸、腰、腹部肌肉锻炼，促进身体形态的正常发育。同时，由于下肢骨增长较快，下肢在身高中的比例加大，应侧重学生跑、跳、踢等运动能力的发展。

2.身体主要器官系统发育的"序"

（1）骨骼肌肉系统

骨骼肌肉系统又被称为运动系统。骨骼在身体发育中起着决定性作用，四肢骨骼的生长是决定身体高度的关键，尤其是下肢骨骼更为重要。骨骼的发育一般在 20 岁～25 岁完成，肌肉的发育要到 30 岁左右才完成。高校学生正处于骨骼发育较重要的时期，随着年龄的增长，骨质成分逐渐发生变化，无机盐增多，逐步进入骨化过程。骨密质增多，骨骼变得粗硬，可承受较大的压力。由于性激素的作用，肌肉纤维增粗，向横径发展。肌肉的横断面明显增强，肌肉的重量和肌肉的力量不断增加。

（2）呼吸系统

高校学生呼吸肌的工作能力增强，呼吸频率逐步减慢，呼吸深度加大。

（3）心血管系统

高校学生处于心血管系统发展的重要阶段。高校学生心脏收缩力增强，心脏每搏输出量增大，心率缓慢。人每分钟心跳次数为 70 次～75 次，平均生理变化范围为每分钟 60 次～100 次。女生的心肌收缩力较男生弱，所以血压一般稍低于男生。在运动时女生血压的增高也不如男生明显，而且恢复期较长。

从高校学生主要器官系统机能发育的"序"出发，高校体育教学中的"有序"表现在安排体育教学的负荷时，运动强度不宜过大，而运动密度应稍大一些。在高校体育教学中，除应多安排不同负荷的各种练习以发展大肌肉群力量外，还应同时安排发展小肌肉群力量的各种练习。

（二）身体发育的全面性

体育教学是增强学生的体质、提高学生健康水平的过程，不仅具有使学生精力充沛、顺利地完成各项学习任务的近期效益，而且具有奠定学生终身体育基础、提高全民身体素质的长期效益。因此，体育教学中身体发育的全面性体现在以提高健康水平为目标，使学生身体各个部分、各种运动能力、身体素质及生理机能都得到均衡、协调的发展，克服对局部肌肉力量和意志磨炼的片面追求，避免对人体局部机能的强化和单项运动能力的强求；在生物学指标（遗传因素）、医学指标和生理指标的监督下，尊重学生的先天条件、兴趣爱好和性格特征，因人而异，因材施教，不拘一格地促进其全面发展。

二、身心合一的健身统一性

体育对人的改造既是形态结构与生理机能的统一，也是身与心的统一。体育教学要在追求学生身体改造的同时，注重学生的心理发展。因此，体育教学要善于营造不同于智育教学的、生动活泼的教学气氛，为学生的心理健康发展提供良好的环境。体育教学要善于利用体育活动自身所蕴含的吸引力，通过合理的教学组织，增加这种吸引力。体育教学应该是一种快乐的教学，要重视学生的主动参与，重视情绪的积极体验，重视个性的独立解放，营造宽松、和谐的人际关系，使学生在轻松愉快的环境中获得身心的健康发展。体育教学中身心合一的健身统一性体现在以下三个方面：

1.选择全面的教材

选择体育教材时不仅要注重教材对学生身体各部分、各种运动能力和各种身体素质的积极影响，而且要注重教材对学生心理的影响。要尽可能从心理学、美学和社会学等方面使学生得到良好的体验，让他们在完成动作的过程中感受成功的喜悦。

2.选用生动活泼的教学形式

高校教师应舍弃单一、枯燥的教学形式，选用生动活泼的教学形式，让学生活动得更自由、更自在、更开心、更充分，从而实现让学生身心和谐、内外兼修的目标。

3.注意学生的心理发展

高校教师在注重学生生理负荷的同时，还要注重学生的心理活动规律。学生在接受体育教学时，他们的身体和心理同时参与了活动。在体育练习和休息的交替过程中，学生的生理机能变化具有一般的规律，即当进行体育练习时，生理机能水平开始上升；达到一定水平后，保持一定时间，然后开始下降。在一定范围内，由于体育练习与休息合理交替，所以学生的生理机能变化呈现出具有一定规律的波动。与此相适应的，学生的心理活动（主要指思维、情绪、注意力、意志）也呈现出规律性的波动。这种生理、心理的规律性波动体现了体育教学鲜明的节奏性和身心的和谐、统一。

三、教学过程的教育性

体育教学的教育性主要体现在两个方面。第一，在体育教学中，教师组织的每一项活动均有一定的目的、原则、规则、内容等，这些是构成体育教学环境的基本因素。学生在这一环境中学习、锻炼，就会受到直接的影响。体育教学环境还包括使用的教材、教师采用的教学方法、教学条件、学校传统和班级风气等。这些因素提供了有利于学生个性品质形成的机会和情景，会潜移默化地影响学生，并促进学生把在体育学习中收获的良好的品质迁移到学习、生活和工作的各个方面，收获体育教学的成效。第二，在体育教学中，学生的思想、感情、作风等很容易自然地表现出来，这有利于教育者把握学生的特点，对他们进行有针对性的教育。体育教学中融入的思想品德教育内容是极其丰富的，主要包括培养热爱集体的情感和意识，培养团结友爱、关心他人、互助合作的意识，培养竞争意识和"胜不骄，败不馁"的精神，培养坚忍不拔、勇敢顽强、机智果断等优良的意志品质。

四、教学目标的多元性

体育教学既有强身健体、提高运动技能的目标，又有调节情感、提高心理素质的目标，还有促进交往、建立和谐关系、规范运动行为等目标。体育教学目标受社会环境的影响比较大，在特殊的社会背景下，往往会出现代偿性目标。体育教学目标的多元性与其他学科教学目标相比，有过之而无不及。

五、授课活动的复杂性

体育教师课堂教学特点非常突出。体育教师不仅需要将教学活动组织得有序、得当，还需要调控学生的运动负荷；不仅需要进行语言指导，还需要进行动作示范；不仅需要具备一定的教学素养，还需要掌握运动技能。体育教师的教学工作既是体力活动，也是智力活动。体育教师既是知识技术的传授者，也是活动的组织者。由此可见，体育授课活动比理论学科的授课活动更为复杂。

六、内容编制的制约性

体育教学的内容不仅包括体育理论知识，还包括体育运动项目等实际操作方面的内容，各方面内容在教学中所占的比重都要受到体育教学目标和教学时间的制约。另外，虽然体育教学内容中有些运动内容之间的逻辑性并不强，但这些内容也不能随意编制，不仅要考虑内容的功能与价值，还要考虑学生的身心特点和本校的实际情况。

七、环境管理的重要性

体育教学大多在室外进行，受外围影响比较大。特别是户外，还受季节和气候的影响。另外，体育活动中学生的流动性也使开放性教学环境的管理更加复杂。教学的安全性、健康性、有效性等目标的达成都要求学校重视对教学环境的管理。

第三节 高校体育教学的规律

体育教学过程是一个运动、变化和发展的过程，是体育教学各要素相互联系、共同作用的过程。这个过程具有一定的规律性，认识和驾驭这些规律，根据规律确定教学原则、教学方法、教学组织形式和教学手段，是实现教学目标、提高教学质量的基本保证。体育教学过程的规律可分为一般教学规律和特殊教学规律两类。

一、体育教学过程的一般规律

体育教学过程的一般规律是指体育教学同其他学科教学过程所共有的普遍规律。

（一）社会制约性规律

体育教学是一种培养人的社会活动，它受到一定社会的物质、文化条件，特别是一定社会教育目标及其内容的制约。在不同的社会制度和国情下，体育教学目标和内容不尽相同。在我国，体育教学是学校教育的组成部分，是实现学校教育目标的基本途径与重要手段之一。同时，体育教学必须与社会发展的条件相适应，并随着社会需要的变化而变化。

（二）认识规律

体育教学以辩证唯物主义的认识论作为方法论基础。人们对任何事物的认识首先是从对事物存在现象的感性知觉开始的，人靠着感觉器官建立了与外部世界环境的联系，然后通过抽象思维把感性认识提高到理性认识，认识事物的本质，揭示事物发展的规律，最后形成科学的概念，并通过实践去验证这些概念。体育教学过程也是学生的一种特殊认识过程。学生在学习和掌握体育知识、技术与技能的过程中，必须遵循认识活动的规律。在体育教学过程中，教师要引导学生将感知、思维和实践三个环节紧密结合起来。感知是认识事物的开始，是形成表象的基础；思维是形成理性认识、掌握动作的关键；实践是巩固和运用知识、改进和提高运动技术、发展身体、增强体质、促进健康、培养良好思想品德的途径。

（三）学生身心发展的规律

体育教学的对象是学生，学生的身心发展具有一定的规律性。在体育教学过程中，制定教学目标，安排教学内容，采用相应的教学组织形式、教学方法与措施等，都必须从不同年龄、不同性别的学生的身心发展特点出发，因材施教，如此才能获得理想的教学效果。

（四）教与学辩证统一的规律

体育教学过程是教与学的矛盾运动过程。为实现教学目标，必须正确认识和处理教与学的关系，既要充分发挥体育教师的主导作用，又要十分重视调动学生学习的积极性和主动性。体育教学过程的实质是教师采取有效措施，引导学生学习，使学生由不知到知、由知到用的转化过程。在这一过程中，教师起着主导作用。但是，教师的主导作用只是教与学关系的一个方面，学生才是学习的主体，如果只有教师的主导作用，而没有学生学习的积极性、主动性相配合，那么教师的主导作用就不能得到发挥。教师在教学过程中是否发挥了主导作用，其主导的效果如何，主要看学生学习的积极性和主动性能否被调动起来，只有教师与学生积极配合、协调一致，才能取得好的教学效果。

（五）教育、教养与发展相统一的规律

教师的教学过程也是学生受教育的过程。教师采用相应的教学手段与教学方法将系统的知识、技术、技能传授给学生、武装学生，这是体育教学的教育目标。教师向学生传授知识、技术、技能，同时对学生进行思想品德教育，使他们的思想感情、精神面貌、道德情操及意志品质都受到熏陶，这是体育教学的教养目标。在向学生传授知识、技术、技能的同时，还必须充分发展学生的体力和智力，这是体育教学的发展目标。教育、教养和发展是密切相关的统一整体。教学实践表明，教育、教养和发展三者之间相互联系，相互促进，统一于体育教学总目标之中。

（六）教学内容和教学过程相统一的规律

任何一门课程都是教学内容与教学过程的总和。在教学过程中，教学内容决定根据哪些原则，采用何种教法，运用哪种组织形式等进行教学。因此，教学内容影响着教学过程，而教学过程的其他规律也制约着教学内容的选择和体系的构成。

（七）教学效果取决于教学基本要素合力的规律

体育教学的基本要素对教学效果有着直接或间接的影响，但这种影响不是由某种要素孤立、简单地产生的，而是各要素相互制约、相互联系、相互作用产生的。也就是说，在体育教学过程中，每个要素都在产生一定的力，影响教学效果的合力并非各要素之力的简单相加，而是各要素相互作用而形成的。因此，在体育教学中，起主导作用的教师应处理好与其他要素的关系，确定合理的教学目标，精选教学内容，选用适当的方法、手段与组织形式，创造良好的教学环境，充分考虑学生的心理和生理特征，深入了解学生的知识、经验基础，以及学生的学习动机、兴趣、态度、方法等。

二、体育教学过程的特殊规律

（一）动作技能形成的规律

体育教学要让学生学会和掌握一定的运动技能，而运动技能的形成要经历由不会到会、由不熟练到熟练、由不巩固到巩固的发展过程。动作技能的形成通常分为三个阶段，即粗略掌握动作阶段、改进与提高动作阶段、巩固与运用自如阶段。

1.粗略掌握动作阶段

粗略掌握动作阶段是学生学习新动作的开始阶段，这一阶段的特点是大脑皮质兴奋与抑制扩散，条件反射暂时联系不稳定，内抑制不够，表现为动作完成得很吃力、肌肉紧张、肢体不协调、控制力不足，并伴随着一些多余动作。这一阶段主要的教学任务是使学生建立动作的正确表象和概念，防止出现多余动作和错误动作，使学生在反复练习的过程中粗略地掌握动作。此阶段应注意动作的主要环节的教学，不必过多强调动作细节和规格要求。

2.改进与提高动作阶段

这一阶段的特点是大脑皮质兴奋与抑制过程处于分化阶段，大脑皮质兴奋相对集中，内抑制逐步发展巩固，并初步建立起动力定型，能比较精确地分析与完成动作。学生在练习过程中，大部分错误动作得到纠正，学生能比较顺利和连贯地完成完整动作技术，但不熟练，如果遇到外界的刺激，还会出现多余和错误的动作。因此，这一阶段教学的主要任务是使学生在粗略掌握动作的基础上，消除错误的动作，加深对动作各部分之间内在联系的理解，进而掌握动作的细节，提高动作的协调性与节奏性，发展体力，从而能够轻快、协调、正确地完成动作。根据这一阶段的特点，教师应引导学生反复练习，启发学生的思维，采用比较、分析等方法，使学生了解动作之间的内在联系，在保证动作质量的前提下，加大运动负荷，以提高动作的质量。

3.巩固与运用自如阶段

这一阶段的特点是大脑皮质兴奋高度集中，内抑制相当牢固，形成牢固的动力定型，表现为能够很准确、熟练、省力、轻快地完成动作，并能够灵活自如地运用动作。随着动作的不断重复和动作细节的不断改进，动作的准确、熟练程度还会不断提高。但是，如果长期中断练习，已形成的动力定型就会逐步消退。因此，这一阶段教学的主要任务是巩固和发展已形成的动力定型，使学生能熟练、省力、轻快地完成动作，并能在各种复杂变化的情况下灵活自如地运用动作。

上述动作技能形成的三个阶段是有机联系的。在体育教学实践中，由于教学内容的难易程度、教师的教学组织水平以及学生的体育基础等条件的不同，三个阶段的具体特点和所需时间也各不相同。由此可见，三个阶段的分类是相对的，没有明显的界线。尽管如此，动作技能形成的三个阶段是客观存在的，在不同的阶段中，动作技能的教学各有特点，也各有与其相应的教学目标和要求。只有根据这些特点、目标和要求，采用相应的手段和方法，才能事半功倍。

（二）人体机能活动能力变化的规律

在体育教学过程中，机能活动能力的变化与人体有关器官系统的功能是密切相关的。教师在组织学生进行反复练习时，学生的人体机能活动能力会发生一系列的变化，这种变化是有一定规律的。当人体开始运动时，受机体惰性的影响，人体各器官系统的机能活动能力从相对较低的水平逐步上升，这一阶段被称为逐步上升阶段。在之后的一段时间内，人体机能活动能力稳定在最高水平附近的范围，此阶段被称为稳定阶段。人活动到一定的程度后会产生疲劳，人体机能活动能力下降，经过休息，人体机能活动能力又逐渐恢复到相对安静时的水平，这个阶段被称为下降和恢复阶段。高校学生不同的年龄特点、身体健康状况、体育基础水平，以及教师选择的教材性质、教学组织方法、气候条件等，都会影响到教学需要的时间、最高水平、稳定的时间。学生的年龄不同，机能活动能力的特点也不同。高校学生普遍年龄在 18 岁～22 岁，属于青年阶段，身体机能活动能力是最旺盛的。随着身体训练水平的提高，身体机能活动能力上升阶段的时间可以缩短，保持最高水平的时间可以延长，承担高强度的、急剧变化的负荷的能力也会提高。另外，气候炎热时，上升阶段所需要的时间就比较短；气候寒冷时，上升阶段所需要的时间就相对长。体育教学过程必须遵循人体生理机能活动能力变化的规律，结合学生的具体情况，正确地组织与安排教学，循序渐进。

（三）人体机能适应性规律

在体育教学中，学生积极地进行身体活动，反复进行练习，促进体内供能物质不断消耗，以释放出能量满足活动需要，此过程必然引起疲劳和暂时的身体机能下降，但疲劳的同时能刺激恢复，促使能量储备加强，出现超量恢复，提高机体的适应能力。在恢复阶段，如果人体内的能量物质不仅恢复到运动前的原有水平，并且在一段时间内超出原有水平，那么这种恢复被称为超量恢复。超量恢复就是在体育教学中促进学生提高机体能力的过程，这个过程是有阶段性的。

第四节 高校体育教学的意义

一、有利于培养和发展学生良好的体适能

体适能在高校学生的日常生活中非常重要，它是衡量一个人适应正常生活所需要的身体能力的指标。由此可以看出，培养和发展学生的体适能不仅能促进学生的身体健康，而且能提高学生对各种环境的适应能力。体适能发展得越好，学生的健康水平也就越高。高校体育课程通过各种教学设施和锻炼活动发展学生的体适能，一方面为他们身心的健康发展奠定了良好基础，为国家塑造了有用之才；另一方面提高了全民的健康素质，减轻了社会的医疗负担。所以，高校体育教学在提高综合国力方面起着积极作用。

二、有利于提升学生的体育文化素养

学校体育，特别是高校体育，是我国体育文化传播的主渠道之一。众所周知，体育运动是极富激情和活力的活动。人们通过参与各项体育活动，可以获得人格、气质、修养等方面的熏陶。体育不只是学生的专利，更应该成为一个人终身的一种文化素养，这对于提高人们的生活质量具有至关重要的作用。体育文化素养是素质教育的重要内容，由一个人的体育知识、体育技能、体育意识、兴趣和习惯等因素决定。高校学生正处在人生观、世界观、价值观形成和完善的时期，一方面积累了一些社会生活经验，掌握了

一些系统的科学知识，对自然、社会及人生等问题形成了自己的看法；另一方面也存在着知识和经验的局限性，对事物的看法往往不够准确和深刻，甚至有时十分片面，所以高校教育对他们有着非常重要的帮助作用。此外，高校学生热情奔放、充满活力、渴求知识、接受能力强，所以对他们而言，高校正是学习体育知识、技能的良好时期，也是增进体育意识、培养体育兴趣和习惯的良好时期。因此，高校体育教学不但要注重体育技能的传授，而且要重视体育文化的传承，在教育教学过程中要充分发挥体育文化和环境的潜移默化作用。

三、有利于培育学生健康的心理品质

（一）增强意志品质

当代高校体育教学的目的不仅在于提高学生的身体素质，还在于培养学生的意志品质。随着时代的进步和我国社会经济的发展，当代高校学生的家庭生活条件越来越好，遇到的来自各方面的困难越来越少，心理素质没有得到充分的锻炼，不能正确对待面临的挫折和失败，很容易受周围环境的影响，很少积极主动地发挥主观能动性。这些现象的产生固然有时代影响等客观原因，但也有高校学生心理素质不高的主观因素。众所周知，参与体育活动不仅能强身健体，还能磨炼意志。在运动中，身体和心理的负担都是对人体的一种考验。因此，高校体育教学在培养学生良好的意志品质方面发挥着重要的作用。

（二）培养良好的竞争意识

当前，我国社会竞争激烈，高校体育教学应充分利用体育竞赛的规则培养和强化学生公平、公正、公开的竞争意识，鼓励学生积极参与竞争，增强他们适应未来社会的能力。在鼓励学生参与竞争的同时，还应强化学生的合作意识，为学生打好步入社会的心理基础，为社会培养出高质量的人才。

（三）提高团队意识和协作精神

随着社会合作化程度的不断加深，团队意识和协作精神越来越受到社会的重视。所以，高校体育教育应利用课堂体育技能的教学、课外体育活动或竞赛等培养学生顽强拼搏的进取精神，以及团结协作、互助友爱的团队精神，帮助学生形成胜不骄、败不馁的意志品质。把体育教育拓展到了健康教育与终身教育的层面，使得体育教学对人的团队意识和协作精神培养的作用和效果愈加显著。

第三章 高校体育教学模式概述

第一节 高校体育教学模式的内涵和特征

一、高校体育教学模式的内涵

体育教学研究领域的学者对体育教学模式的理解是多种多样的，主要有这几种不同的声音：方建新认为，体育教学模式是在一定的体育教学思想指导下，具有一定典型意义且相对稳定的课堂教学结构。毛振明认为，体育教学模式是体现某种体育教学思想的教学程序，它包括相对稳定的教学结构和相应的教学方法体系。李杰凯认为，体育教学模式是蕴含特定的体育教学思想，针对特定的体育教学目标，在特定的体育教学环境中，实现其特定功能的有效教学活动结构和框架，是用简化形式表达的体育教学思想和教学组织策略，是联系体育教学理论与体育教学实践的纽带。汪文生认为，体育教学模式是在一定的体育教学思想或体育教学理论的指导下，在特定的条件和环境中，为了实现体育教学目标所建立的相对稳定的教学程序及其方法的策略体系。

综上，高校体育教学模式可被理解为高校体育教学组织活动的一整套方法论体系，其实质是在一定的体育教学思想或体育教学理论的指导下，为实现特定体育教学目标而设计的相对稳定的教学活动程序，是连接体育教学理论和体育教学实践的纽带和桥梁。

二、高校体育教学模式的特征

（一）整体性

高校体育教学模式是从整体上对高校体育教学活动加以规范的基本框架，既要对教学的各要素（如教师、学生、教材、场地、器材等）及其内在关系进行研究，又要对时间、气候等影响高校体育教学的外在因素进行分析，以便更加科学地制定高校体育教学目标、选择高校体育教学策略，规范师生活动，进而构建基本的高校体育教学框架，再通过教学实践，调整并修正已建立的高校体育教学框架，促进高校体育教学模式在高校体育教学活动中发挥作用。

（二）灵活性

高校体育教学模式在操作上具有一定的灵活性，不仅便于教师以教学任务、教学条件为依据选择具体的教学模式，而且便于教师以学生的特点为依据创造新的教学模式。

（三）相对稳定性

不同高校体育教学模式的教学过程与教学结构各有差异，但每种高校体育教学模式的结构都具有相对稳定性的特征。如果一种高校体育教学模式比较成熟，并且在运用的过程中，教学条件、教学对象、教师教学水平与该模式的特点相适应，那么该模式就能取得良好的教学效果。

（四）可操作性

每种高校体育教学模式都有其特定的操作程序，将每个环节安排得井然有序。由于高校体育教学活动具有突出的复杂性和特殊性，所以没必要像自然科学实验那样进行精确的控制。例如，"六阶段教学模式"是按"提出要求—开展自学—讨论启发—练习运用—及时评价—系统小结"的程序依次进行的，具有不可逆转性，但在教学过程中，可以根据实际情况灵活调整其中的某些步骤。

（五）优效性

高校体育教学模式一般是从众多的高校体育教学活动方式中提炼出来的，是一种经过优选的模式。教学模式只有取得良好的教学效果，才能被广大教师认同和运用。如果一种教学模式不是优效的，它就会被淘汰。因此，为了保证优效性，高校体育教学模式就必须不断发展和创新。

（六）简明性

高校体育教学模式的结构和操作体系是以精练的语言、象征性的图像、明确的符号概括和表达高校体育教学过程的，这样既能使经验理论化，又能在人的头脑中形成一个比抽象理论更为具体、简明的框架。

第二节 高校常用体育教学模式和创新性体育教学模式

一、高校常用体育教学模式

（一）运动技能传授模式

运动技能传授模式指的是体育教师在运动技能教育观的指导下，从运动技能形成的规律出发，并设计体育教学程序的一种教学模式，也被称为传统体育教学模式。这种模式主要是通过学习动作技术，达到掌握运动技能的目的。体育教师应先准确理解，并深刻把握动作技术的特征，在此基础上传授学生运动技能，从而实现运动技能领域的教学目标。

（二）主动性体育教学模式

主动性体育教学模式是指体育教师在体育教学中创造条件，使学生充分发挥自主性，提高学生学习积极性的一种教学模式。主动性体育教学模式能够有针对性地培养学生的主体意识，提高学生的自主学习能力。该模式要求学生有良好的学习自觉性和一定的自学能力，否则教师无法运用这一教学模式取得预期的教学效果。

（三）小群体体育教学模式

小群体体育教学模式指的是体育教师按某些共性和特殊性的联系，将学生分成若干个学习小群体，使学生在互动、互助、互争的学习活动中获得知识与技能、陶冶性情、完善人格的一种教学模式。小群体体育教学模式由五个环节构成，分别是创设疑难情境、观察学生对情境的反应、群体研究、分析探究过程及循环活动。

（四）快乐体育教学模式

快乐体育教学模式指的是在体育教学中，以运动为基本理念，采用合适的教学方法增强学生的体质，使学生获得快乐体验的一种教学模式。快乐体育教学模式有利于调动学生学习的积极性和主动性，它能够在无运动技术要求的情况下，促使学生主动练习，从而提高学生的运动技能。教师采用快乐体育教学模式时，要注意避免教学内容的单一和教学方法的重复，否则会影响学生的学习兴趣。

（五）启发式体育教学模式

启发式体育教学模式指的是围绕学生开展体育教学活动，以学生的积极主动性为基础，引导学生积极思考、独立探究，发现并掌握知识，最后得出相关结论的一种教学模式。传统体育教学模式更注重"教法"的改革，容易忽视对"学法"的研究，但启发式体育教学模式转变了思考问题的角度，从研究"教法"的圈子中跳出来，鼓励学生探索知识，培养学生的探索精神和创新能力。

二、高校创新性体育教学模式

（一）俱乐部教学模式

体育俱乐部是社会团体公共娱乐的总称，最早源于欧美。将体育俱乐部应用于高校体育教学，实施俱乐部教学模式，主要是依托俱乐部的教学形式组织体育教学。俱乐部教学模式的教学内容丰富，学生可以根据自己的兴趣爱好自主选择课程。此外，学生还可以自主选择上课内容、上课时间，甚至可以自主选择教师。高校在采用俱乐部教学模式时，教师可以使用多种教学方法，如启发教学法、情境教学法等，充分发挥学生的主体作用，并根据学生的实际情况对其进行个性化指导。

（二）成功体育教学模式

1.成功体育教学模式的含义及指导思想

（1）成功体育教学模式的含义

成功体育教学模式是近年来在"成功体育"教学思想的影响下逐渐形成的一种教学模式。该模式主要面向学习有困难的学生，重在创造条件让学生体验体育学习的乐趣，让学生连续取得成功，逐步积累，直至建立从事体育运动的志向和学习体育的信心。

（2）成功体育教学模式的指导思想

①主张让学生多体验成功，但并不否认失败。

②既强调竞争的作用，也重视协同的作用。

③主张将相对评价与绝对评价结合起来。

④主张营造和谐的学习氛围。

⑤强调"既懂又会"的学习效果。

2.成功体育教学模式教学过程的结构特征

在教学单元的前期和后期，都有改造过的练习方法或比赛方法，这些方法多采用"让位"、相对评价等手段，将练习和比赛变成让全体学生都能参加，并能从中体验到乐趣的活动。通过这些环节，每个学生都有一个符合自己条件的努力目标，这能够最大限度地激起学生学习的积极性。

（三）结构—定向教学模式

学生的心理结构对教学效果有着重要影响，依据学生的心理结构形成规律，进而开展定向教学工作就是定向化教学。将结构—定向教学模式运用到高校体育教学中，需特别注意以下几点：

第一，科学制定教学目标。

第二，确定动作定向，创设学习情境，为教学组织的整体性与最优化提供保障。

第三，组织小组协作学习。

第四，在"反馈—矫正"环节要运用多种反馈方式。

第五，强化练习设计。

（四）网络教学模式

网络教学模式的特点是虚拟情境，即认知和实践相分离。虽然学生只通过网络学习无法实现掌握运动技能的目标，但网络教学以其强化认知、增加反馈等功能，为学生成功掌握运动技能提供了外部条件与基础保障。随着信息技术在高校体育教学中的广泛应用，网络教学、课堂教学、正式比赛（合称"三元"）和体育学习共同体（简称"一体"）共同组成了"三元一体"体育教学模式。"三元一体"体育教学模式中的正式比赛多安排在课外，目的是培养学生的实践能力及综合运用能力。若在课堂上组织比赛，不仅规模、时间有限，而且无法取得良好的效果，而利用课外时间组织比赛，则规模、时间都能得到保障。

第三节 完善高校体育教学模式的策略

一、学习与借鉴国外成功的经验

完善高校体育教学模式，需要学习与借鉴国外成功的经验，那些能够培养学生各方面能力和提高学生学习兴趣的体育教学模式是重点的学习对象。需要注意的是，在借鉴与学习国外成功的经验时要有选择地取舍，避免完全照搬，要将国内外的体育教学模式结合起来，取长补短。国情不同，体育教学情况也有所不同，如果一味倡导"拿来主义"，就会失去中国体育教学的特色。因此，必须注意借鉴的合理性与适当性，在学习的基础上构建具有中国特色的体育教学模式。

二、探索适合本校的体育教学模式

随着体育教学模式的不断丰富，多种教学模式并存的现象日益凸显。但是，因为不同高校的体育设施、办学条件、体育传统、师资力量都有一定的差异，即使采用同一种体育教学模式，也会产生不同的效果。这就要求体育教师不能一味地引用现有的体育教学模式，而应当在综合考虑本校特点与各方面资源的基础上，对现有的体育教学模式实行合理的改进。

三、建立科学的体育教学评价机制

在评价环节，教师除了要对学生的课堂表现给予关注外，还要不定期地检查学生在阶段内的学习成果，对学生的学习情况有真正的了解。而且，在学期末的评价中，教师不能只看考试成绩，要综合考虑学生在一个学期内的各方面情况。另外，体育教师也可以通过客观而准确的评价结果，对本学期采用的主要教学模式进行调整与完善，以便在下一学期更好地运用适合的体育教学模式开展体育教学，提高教学效果。

第四章 高校体育"模块式"教学模式

第一节 高校体育"模块式"教学模式概述

学生是祖国发展的未来，学生的身心健康水平关系到国家未来的发展。为了提高高校体育教学质量，高校体育教学引入"模块式"教学模式，根据学生的身心特点和体育教学资源，将教学内容合理地划分为多个模块，让学生在多个模块中学习体育运动的方法和技巧，通过体育运动形成良好的体育健身习惯，提升身心健康。

一、"模块式"体育教学模式的内涵及类型

（一）"模块式"体育教学模式的内涵

1."模块式"教学模式

张海霞、李俊武在其《模块式教学在高职教育中应用的探讨与实践》一文中提出，将同类知识与能力要求，按一定规律划分，组成相对独立的理论知识和实践能力要求的集合，称为教学模块，简称模块。设置、选择和应用教学模块组织教学实现培养目标，称为模块式教学。

"模块式"教学是以能力为基础、以培养职业岗位人才为目标的一种教学模式。它以学生为主，以模块为教学单位，运用灵活多变的教学手段和方法，着重培养学生的综合能力。"模块式"教学主要是将理论知识和实践能力塑造成与其专业相对应的教学模块，在教学中充分体现系统性和完整性，强化针对性。"模块式"教学的内涵主要表现在以下几方面：

首先，分析社会现实需求和人才市场需求。

其次，根据学生学习能力，确定其所学专业需要具备的实际操作能力。

再次，完善教学大纲，构建教学模块。

最后，根据教学模块的需要，采取相应的教学手段，确定适合的教学组织形式、教学管理方式、教学方法对模块教学进行教学评估和考核。

2. "模块式"体育教学模式

"模块式"教学模式就像一个工业生产基地，每一个工业生产基地都需要完成多种生产任务，并对这些任务进行组装与融合，每个任务的完成都有其各自的标准和要求，以满足各种市场需求。相应地，在体育教学中，"模块式"教学模式就可以将"生产任务"，即课程内容分解成不同的知识点，然后根据知识点间存在的逻辑关系和知识结构，对知识点进行排列与整合，根据技术领域和职业岗位的需求，构建一个独立的体育教学单元结构。

我国学者刘霞、肖桃芳在其《高师院校体育专业教学中运用"模块式"教学初探》一文中提出，"模块式"教学是根据体育专业课程的特点，将相对独立的课程内容，划分到各个"模块"中，并对每一个"模块"都设定具体的教学要求，明确需要掌握的知识点和技能水平。设定的"模块"之间的联系是相对松散的，学生每学习完一个教学"模块"，就能达到一个知识点的要求，掌握一项技能。而且，"模块式"教学模式突破了以系、科、专业为主的培养模式，强调知识的整合，注重促进人的全面发展，给学生提供合理的知识结构。

赵岩、初萍、刘丹在其《高职学前教育专业体育课中的模块教学》一文中提出，"模块式"体育教学主要根据模块教学原理，以培养学生的职业能力为目的而进行的教学活动。教学中按体育教学规律、教学原则、课程结构，将各模块内容合理地安排在体育教学的各个部分，按模块逐级达成的顺序开展体育教学活动。

综上，"模块式"体育教学是指在教学中，将体育专业的学科知识与社会现实需求相结合，总结出体育专业所需的人体心理素质要求、体能素质要求和实际操作技能需求，根据这些需求构建相应的教学目标、教学手段、教学管理等，最终完成教学任务。同时，每一个教学模块并不是固定不动的，而是相对松散的，可根据实际需求进行调整，最终实现学生自主能力、体能素质、技能操作水平的提高。

（二）"模块式"体育教学的分类

通过查阅相关资料发现，目前各研究领域并没有明确地阐述"模块式"体育教学的分类。卢晓文在《基于岗位需求的高职体育模块教学研究》一文中提出，职业体能课程的设置应结合本专业的培养目标，有针对性地提高学生职业岗位所需的身体关键部位的素质和素养，制定课程实施纲要（教学大纲）。根据高校课程"模块式"教学体系的构建及特征，结合教学实践与经验，高校各专业的教学目标、教学大纲，以及学生走出校园后主要从事的职业特点和高校学生毕业后从事的职业岗位特点、未来不同职业（群）的需要，参考葛朝启、杨忠在《高职体育"职业实用性模块教学"构建研究》一文中提出的观点，可以从岗位职能的角度，尝试将高校体育教学运动项目分为交往型、站立型和运动型三种类型。

二、高校体育课程实行"模块式"教学模式的优势

（一）满足现代体育教学需要

在全民健身和健康中国建设的背景下，为了满足社会对人才的需要，"模块式"教学模式凭借其自身优势，调动学生的学习积极性，改变传统的教学模式，更加侧重让学生掌握体育运动的方法和技能。这种模块化的教学是建立在体育理论和学生的认知态度基础上，激发学生参与体育运动锻炼的积极性。另外，高校体育实施"模块式"教学模式，可以扩大学生的选择余地，从单一选择变成多种选择，有效促进不同学生的个性发展，有利于学生身心健康的提升。

（二）建立情境式教学场景，营造积极向上的学习氛围

体育教师是教学活动的组织者和安排者，体育教师对模块化教学内容的设置和安排，决定了体育教学课程的质量。高校体育课程的"模块式"教学模式有利于体育教师根据教学内容和学生的身心特点，巧妙地安排教学内容，有助于发挥学生的特长，吸引学生学习的兴趣。学生在体育教师的引导下，互相帮助，一起学习，共同进步。高校体育实施"模块式"教学模式，可以增强学生的人际交往能力，从而营造良好的课堂学习氛围，使学生在健康的学习环境中成长。

（三）塑造学生良好的品格

"模块式"教学模式的终极目标是培养学生的全面能力，高校体育课程的"模块式"教学模式以现场为主要教学地点，树立学生的主体地位，在学生掌握一定的体育理论后，传授学生练习体育运动的方法和技巧，将学生实实在在地看作有血有肉的人，培养学生实际动手的能力。在这个过程中，学生遇到困难，可以随时向体育教师请教，由体育教师给予解决方案。当学生遇到心理问题时，体育教师通常会引导学生，帮助学生突破心理的障碍，从而克服困难。学生艰难地克服心理情绪的过程，会无形中塑造学生良好的品格，培养学生顽强拼搏的精神。

（四）提升体育教师的综合能力

体育教师是"模块式"教学模式的执行者，因此，体育教师必须从学生身心特点、教学内容、场地器材及客观环境等因素出发，合理安排模块化的教学内容，这也从侧面检验了体育教师的综合能力。若体育教师科学、合理地安排模块化的教学内容，那么学生的学习兴趣就会得到提高，并认真地听讲和落实，整个体育课堂就会取得良好的效果。反之，若模块化的教学内容安排得不合理，就会挫伤学生学习体育的兴趣，从而影响体育教学效率和质量。所以，在设置"模块式"教学模式时，体育教师的综合素质起到重要的作用。综合素质较差的体育教师，经过"模块式"教学模式的锻炼，也能够进一步了解它的优势，并提升自身的综合能力。

三、高校体育课程实行"模块式"教学模式的可行性分析

（一）充分利用体育教学资源

高校体育课程效率和质量的提升涉及多个方面，例如，体育教师的综合素质、体育场地器材设施是否健全、是否合理运用教学方法和手段、教学模式的应用效果等，都会影响高校学生对体育课程的反馈。通常来说，大多数高校体育课程效率和质量不高，主要与高校自身的体育教学资源短缺及实际面临的条件相关，不同的学校有着不同的具体原因。例如，一些高校体育教师资源不足，一些高校体育教学资源不完善，一些高校体育课程安排不合理，一些高校学生自主参与体育锻炼意识不足等。"模块式"教学模式

的实施，可以改善现阶段高校体育课程效率和质量不高的问题，原因是"模块式"教学模式充分利用体育教学资源，在安排和设置模块化的教学内容的过程中，将各个高校的独特的优点和缺点考虑进去，从而设置出一套以提高学生身心健康为主题的教学模式，学生有更多的自主选择的权利，自主参与锻炼的意识得到有效激发。

（二）提升教师和学生的积极性

在体育教学活动中，教师处于主导地位，起主导作用，学生是学习的主体，教师必须发挥学生的主动性。教师的主导作用和学生的学习主动性，是相互依存、相互促进的。目前，在高校体育课程教学中，一些体育教师忽略了与学生的互动，将学生处于被动的地位，师生之间缺乏联系，体育教师占据绝对的领导地位。学生在课上来不及思考和消化教学内容，只能被动地跟着体育教师的思路走，缺少想象力和创造力，久而久之，学生对体育课程产生了厌倦的心理。"模块式"教学模式的实施，有效改变上述师生不积极互动的结果。在开展"模块式"教学期间，体育教师需要将教学内容分解成多个模块，在一定的时间内，将模块内的内容传授给学生，学生只需要掌握模块内的知识内容即可。在完成一个模块教学后，体育教师需要对学生进行提问，了解学生对教学内容的掌握程度，再根据学生的学习情况，及时调整模块教学内容或教学方法，直至学生完全掌握模块内的教学内容。

（三）培养学生主动参与体育锻炼的能力

高校的部分学生对体育课的认知仍然停留在体育教师授课、学生听课，学生按照体育教师的要求进行练习的层面上，他们认为掌握体育运动的技能和要领，就达到了体育教学的目的，这样就会在参与体育课程时，产生负面的情绪，主动参与体育锻炼的情绪不高。高校体育教学目标是培养学生养成主动参与体育锻炼的习惯，最终提高学生的身心健康。然而，在各高校体育课程实际教学过程中，这一教学目标并没有完全体现出来，学生依然对体育课程提不起兴趣。"模块式"教学模式恰好弥补了教学目标没有实现的缺陷，围绕教学目标而设置教学内容，充分体现了学生的学习主体地位，致力于提高学生自主锻炼能力，丰富体育教学内容。

（四）提升学生身心健康

在全民健身和健康中国建设的大背景下，随着高校体育教学改革的不断深化，提升学生的身心健康成为重点。近几年，随着社会的不断进步，经济的快速发展，多种类型的社交软件层出不穷，品种多样的电子竞技游戏不断涌出，学生大部分时间沉溺在电子游戏中，极少将时间花费在体育运动中，这就容易造成学生的身体素质越来越差。因此，促进学生的身心健康全面发展成为高校体育课急需解决的问题。"模块式"教学模式的实施，侧重培养学生的全面能力，在以体育教学内容为基础的模块下，发挥模块化的教学优势，传授学生体育运动锻炼的方法和技巧，培养学生养成主动参与体育锻炼的习惯，最终提升学生的身心健康。

第二节 高校体育"模块式"教学模式构建策略

一、高校体育"模块式"教学模式的理论依据

"模块式"体育教学模式并不是对传统教育模式的背离与反驳，也不是完全脱离传统教育模式，而是打破传统教育模式，并进行创新与探索，找寻更适合社会人才需求、劳动力市场需求的一种教学模式。现阶段，"模块式"教学模式越来越受到各学科领域、技术行业的青睐。但是，这种模式在我国现有的教育体制下还是"新面孔"，因此各高校要理性地对待、合理地发展。传统体育教学模式和"模块式"体育教学模式的目的、教学方法、教学内容等是基本相同的。"模块式"体育教学模式的目的是提高学生的综合职业素质，将各专业学科的教学目标、教学内容、教学方法与人才市场需要的职业岗位能力相融合，有针对性地对学生进行教育教学，实现传统体育教学观念的转变，形成更好的行动方案，实现学生综合职业能力素质的提高。

传统体育教学是通过学生反复的练习行为，完成运动项目技能，培养体育意志品质，促进学生身心健康发展，提高学生社会适应能力。故而在实现提高学生社会适应能力这个目标上，"模块式"体育教学模式与传统体育教学模式是一致的，而且"模块式"体育教学模式中所需的综合职业素质也正是传统体育教学模式所追求的。"模块式"体育教学模式的实质与传统体育教学模式相同，都是通过身体运动达到教学目标。但有别于

传统体育教学模式的是，"模块式"体育教学模式是根据专业学科和教学对象的不同组织教学的，更具系统性和针对性，相比之下，传统体育教学模式更具广泛性。"模块式"体育教学模式将体育教学与社会需求相结合，进一步提高学生的职业体能。这是时代的需要，更是人才市场的要求。可以说，"模块式"体育教学模式体现和延伸了体育的社会功能。"模块式"体育教学模式以学生为主体，采用多样化、个性化的教学方法，以技能、操作为教学内容，以系统性、针对性为教学特色，以交流、分享、回顾、总结为教学过程，使受教育者以按需学习、积极向上的状态，达到提高实际操作能力的效果。"模块式"体育教学模式必然能够满足市场的需求，这是传统体育教学不可比拟和无法代替的。

二、高校体育"模块式"教学模式构建的原则

高校体育教学应为学生将来的职业岗位发展考虑。当前社会生产和企业创新活动不断丰富，使具有较高的身体协调能力、运动能力等体育素养成为高校学生求职就业时应当具备的能力和素质，这就为高校体育以学生专业需求为依据实施教学提出了要求，也为高校体育教育的发展创造了有利条件。然而，近年来高校学生人数不断增多，导致高校体育教学在创新教学方面略显不足，教学内容单一化严重，不利于高校体育教学目标的实现，也无法满足学生日益强烈的社会岗位竞争需求。

"模块式"体育教学模式的构建需要以高校教学特点、教学目标等具体的内容为依据。首先，高校要组织教师与企业单位委派的管理技术人员共同进行人才市场调研，将高校专业目标与企业发展紧密结合，建立职业岗位（群）。根据学科内容、岗位需求、学生爱好等与企业密切合作开发、设置专业（群），编排每一模块课程的设置，准备所需的教学资料。其次，根据专业培养目标，结合学习的过程提出思考的问题和需要解决的问题，建立职业能力课程标准，即确定专业模块。其中最为关键的是每一模块中所设置的技术要求、训练项目应与理论和职业能力需求等紧密联系，根据学生特点及高校实际条件选择开设课程及编写参考指导用书。最后，应结合每一模块的教学目标、教学内容创设"模块式"体育教学模式的考核和评价体系。

以高等职业院校为例，高校体育"模块式"教学模式构建的基本原则主要表现在以下几个方面：

（一）根据职业需求创建模块

高校教育的特点是以就业为导向，"模块式"体育教学模式需要围绕这一特点创建模块。"模块式"体育教学模式和传统体育教学模式有本质的不同：传统体育教学模式强调的是各学科间、各课程间存在的系统完整性，它们都对应着不同的教学目标和要求；而"模块式"体育教学模式在创建过程中既要满足高校体育教学大纲的要求，又要符合职业岗位的特点，所设置的每一个教学模块既要有相应的教学目标和要求，又要与职业岗位能力需求相对应。"模块式"体育教学模式要求学生学完一个模块就掌握一定的基本知识和一项基本技能，以逐步适应社会和岗位的需求。

（二）根据模块间的关联创建模块

"模块式"体育教学模式与传统体育教学模式，在教学方法和教学手段上是大相径庭的。高校体育教师在划分模块时，需注意到模块之间存在着必然关联，但又是相对独立的。对于同一行业或岗位的不同工作任务，不同模块的教学目标和教学任务应有所不同，但又保持一定的联系。

（三）根据模块划分的层次性创建模块

每个模块的创建都是根据职业岗位的特点、学生的兴趣爱好等实现的，这也为学生提供了更多的选择灵活性和层次性。学生实现学习目标后，可以从事一定的职业岗位工作。而且，学生也可经过一段时间的职业岗位能力培养，根据岗位的实际需求，再进行较高层次的模块的学习，以进一步提高技能水平。

三、高校体育"模块式"教学模式的创建、设置及特征

（一）高校体育"模块式"教学模式的创建

现今，我国各省市高校都在积极探讨体育教育的发展规律，深入研究高校体育的教学内容、教学方法和教学手段，力求构建新的人才培养模式，建立科学合理的实践教学模式。"模块式"教学模式正是在这种改革浪潮中，为迎合社会需求而产生的。

1.创建的基本观点

（1）从传递知识到培养能力的转变

现行的高校体育教学模式以理论知识为主，很少体现对职业岗位能力的培养，而"模块式"体育教学模式主要以职业能力为目标，贯穿整个教学过程。高校在从传递知识到培养能力的转变过程中，首先要打破传统教学的课程框架、教学观念，加大课程结构的调整力度，建立"岗位能力"课程体系。其次，高校要将课程体系分解成一个个独立的教学单位，再分析每一个教学单位所需要的知识与技能，最终确定每一个教学模块的内容，实现教学目标。最后，高校需强调将典型模块或专业模块具体化，将分析后得出的工作任务，通过"模块式"教学模式形成具体的教学形式和教学手段，强调学生先认清模块内的学习任务、理论知识、操作知识等，然后再在此基础上动手去完成，激发学生的学习兴趣。

（2）从被动传授者到主动参与者的转变

高校部分教师并没有高度重视传统的体育教学模式对培养学生主观能动性的重要性和紧迫性。在传统的体育教学模式中，绝大多数的教师只是将官方课程文本、专家权威研究等素材传授给学生，缺乏开发课程时应有的积极性和主动性。"模块式"体育教学模式弥补了传统体育教学模式中的不足，使教师能主动参与到专业课程教学大纲的修订、教学计划的制订、培养目标的完善中来。同时，还能激励教师主动学习，主动进行科学研究、教材编写，转化教材内容和实践内容，促使教师由教学目标的"代表者"转变为教学内容的"代言人"。

（3）从教育工厂到学习共同体的转变

如果将采用传统教学模式的高校比作一个教育学生的工厂，那么"模块式"教学模式则把高校转变为一个学习的共同体，使学生更多地参与学科教育，更深层次地理解和整合所学知识。高校教师不仅需要进行观念上的转变，更重要的是在体育教学中，甚至是在思想政治管理、制度建设、教学常规、考核评估等方面实施有效的调整与运作。体育学习共同体有以下三个显著的特征：

①每一教学模块中的成员都认定模块设定的目标，成员的个人目标与模块目标具有较高的一致性。

②"模块式"教学模式突出的是学生的自觉行为，要求学生基于自身的成长和专业的需求进行学习，不具有任何意义上的强迫性。

③在每一教学模块中，学生在专业知识和技能训练上相互依赖、相互信任、相互支

持，保持"模块式"教学中成员之间的合作关系。

"模块式"体育教学模式强调整合学科专业知识，注重学习对象综合素质的培养与发展，打破传统的固定的组织教学形式，给教师提供合理的、科学的知识结构与教学环境。目前，高校部分学生存在自信心不强、主动学习能力较差等现象，而"模块式"体育教学模式又要求体育专业知识与其他专业知识相互交叉、相互融合，这就使"模块式"体育教学模式在教学上的实施难上加难。因此，采用"模块式"教学模式应该注意学科知识的前后衔接，可以根据学生应该具备的能力、社会市场的需求、专业的需求等方面要点，将教学内容设置在不同的模块中，这样不但可以降低学习的难度，也更容易被学生和社会所接受。

2.创建的基本方法

（1）明确目标定位，构建教学体系

现如今，教育体制改革不断深化，高校体育教育也面临着特殊的形势。为更好地满足岗位需求，高校要积极突破传统体育教学的局限性，使教育模式与职业需求保持高度适宜。在教育部相关工作意见及体育课程教学大纲的指导下，高校应更新体育教育理念，明确高校体育教育目标定位，从岗位需求和人才培养目标出发，构建教学体系，确保培养的高校体育人才在社会主义现代化建设中具有较强的适应性，从而为体育事业的长足发展积累经验并奠定基础。高校体育"模块式"教学模式的开展和推进应以岗位需求为着手点，体育教学体系的构建以能力、就业和服务为核心，通过形成模块化的课程体系探寻符合岗位需求的高校体育教学方式，在提高学生体育素质的同时促进高校体育教学目标的实现。在这一过程中，高校要明确模块教学目标定位，以岗位基本的技能要求为出发点，开发课程教学模块，通过模块之间的紧密配合构建教学体系，落实体育教育培训。模块教学可以被当作一种有组织性和教育性的教学方式，目的在于培养学生的职业能力，确保其符合岗位需求。

（2）把握体育"模块式"教学特征，设计高校体育岗位体能课程

高校体育"模块式"教学模式要根据教学培养的目标，侧重考虑学生将来就业岗位和学生自身发展对体能的要求，从学生需求出发，明确高校体育教学目标及运动项目训练的侧重点，通过模块教学培养学生优良的体育锻炼习惯，通过优化调整体育教学环节培养学生的实践能力，促进体育项目的实施，进而有效强化学生的体能。在模块教学过程中，教学模块的构建一般选择两种以上的职业能力。在全面把握岗位需求的基础上，"模块式"教学在高校体育教学中的应用需要明确体育教学的具体特征，并科学设计体

育岗位体能课程，确保所设计的教学模块能够符合社会岗位需求，促进学生体育能力的形成，为高校学生体育素质的强化奠定坚实的基础。在这一过程中，高校要高度重视体育运动健康，围绕高校体育教育目标，关注学生的主体地位，注重学生的体育学习兴趣、学生的职业化与个性化发展，开展模块教学，设计体育岗位体能课程，增强课程的实用性，兼顾社会岗位需求、学校需求与学生需求，在职业教育环境下促进高校学生职业能力不断强化。例如，在体能课程的设计上，高校可从岗位需求及体育运动特点出发，在模块教学的过程中将课程设计为锻炼项目和运动项目，从学生未来就业岗位需求和学生能力发展需求出发，采取差异化的教学方式，确保所设计的体能课程在学生接受的范围内，能满足学生的差异化学习需求。

（3）明确注意事项，保证高校体育模块教学实效

高校学生正处于人生发展的关键阶段，为更好地改善高校人才培养质量，确保学生能够形成正确的价值观念，并具备较强的意志品质，能够在把握职业特征的基础上，更好地参与体育学习活动，努力提升自我，高校对学生体能进行强化是非常重要的。因此，高校在体育教学中要科学地应用模块，将理论与实践紧密结合起来，在现代信息技术的支持下，营造生动的体育模块教学空间，对学生形成吸引力，发掘学生的内在潜力，促使学生积极参与体育活动。高校体育"模块式"教学模式的应用要高度重视安全和健康，因为安全和健康属于典型的体育意识，对体育模块教学的顺利推进具有重要意义。例如，在实际教学过程中，高校在明确岗位需求的基础上，遵循健康安全体育的理念，将高校学生的体育课程划分为多个模块，包括体育课程考勤模块、体育锻炼参与模块、课余体育锻炼模块、体育文化模块等。通过多元体育模块的设计吸引学生的注意力，促使学生更加积极地参与体育理论知识学习与体育技能训练，在潜移默化中引导学生养成良好的体育习惯，锻炼学生的体育能力。

（二）高校体育"模块式"教学模式的设置

"模块式"体育教学模式的设置是将一个教学模块作为一个相对独立的教学单元，从模块这个整体出发，统筹安排，制定教学方案。在这一过程中，教师可采用多种教学方法、教学手段合理安排教学步骤和其他环节。每一位教师可以根据自己的教学特点和风格、学生的个体差异确定教学模块进行教学。"模块式"教学模式是坚持以学生需求为中心、以职业岗位能力需求为根本的一种教学模式。在实施过程中，高校教师需要充分挖掘和整合现有的教学资源，加强师资队伍建设，充分考虑教学设备、教学场地、学

习环境等因素，突出学生综合素质的培养。

1.教学资源建设

在"模块式"教学模式的实施过程中，高校体育教师可根据专业特点和岗位需求，从以下三方面入手展开教学：

（1）先打基础，后抓实践

教师可先讲授专业基本知识模块，让学生基本了解专业学科的主要内容，打好基础后再讲动作技能模块，让学生将基础知识运用到实践操作中，使学生具有一定的灵活运用能力。

（2）配备设施，强化任务

在教学设施方面，高校应该给体育学类专业配备专门的实训基地，提高学生的实践能力。同时，教师应该为每一模块设定一个教学任务，确保学生每学完一个模块就能掌握一项技能。

（3）加强学习，完善制度

高校应该组织教师定期参加组织学、心理学、教育学等理论知识的培训，提高教师的业务水平。

2.师资配备

专业的师资队伍是"模块式"体育教学模式能顺利实施的保证，它要求教师必须具备一定的理论知识和具体的实践教学的能力，还需承担一定的岗位职责，符合一定的技能要求。但就目前的情况而言，大多数高校的体育专业教师具有扎实的专业知识，但是实践经验不足。所以，要解决这个问题，可以安排年轻的教师到公共企事业单位去学习培训，以增加他们的实践经验。

3.课程设计

在课前，教师应根据人才市场需求和专业特点，将教学目标及要求与学生需要的专业知识、技能、操作技术进行整合，创建教学模块；在课中，教师应讲解专业知识模块，然后引导学生进行操作技能模块的学习；在课后，教师应引导学生回顾与分享，对学生进行体能测试，考核体育成绩。总之，在课程设计上，各模块内容的设置以职业岗位需要为目标，以实用为原则，在教学中，坚持理论与实践有机融合，以学生体能需求为教学目标，形成以能力为本的教学模式。

4.模块教学课程的实施

模块教学课程包括教学方法、教学过程、教学评价。在课堂教学中，教师扮演着学生学习的指导者和组织者的角色。在每次教学之前，教师应先把每一个子模块作为一个授课单元，提前告知学生授课提纲及需要达到的教学目标。在正式教学中，教师应组织学生对授课内容展开自由讨论，或根据具体授课内容到实训基地进行实地操练。同时，教师还应注重培养学生的自信心，提高学生的注意力，挖掘学生的潜在能力，这样更有利于学生掌握专业知识，提高学习兴趣。

5."模块式"教学模式的评价

评价是人类对自己或他人在实践过程中的鉴定和反思，是人类特有的一种认识过程，本质是促使人类活动更加趋于完善和符合事物发展规律。与传统的体育教学模式不同，"模块式"体育教学模式把每一个教学目标作为考核单元，包括知识的单项考核或知识与技能的双项考核。"模块式"体育教学模式对教学效果进行考核与评价的方式包括学生的自我评价、师生互评等，考核内容包括自主学习能力、体能素质、技能水平等。这种多样化的考核方式不同于传统的、单一的体育成绩考核，能够大大激发学生对体育学习的兴趣，更重要的是还能够增强学生对所学专业知识的需求。对于考核比较落后的学生，教师应该对其进行正确的引导，并根据他们的自身特点和专业特点，重新修订教学计划，辅导他们顺利通过考核。

（三）高校体育"模块式"教学模式的特征

近年来，高校体育"模块式"教学模式逐渐引起教育工作者的重视。传统教学模式注重"三个中心"，分别是教师、课堂和教材，而"模块式"教学模式则注重"三个突出"，即突出学生在教学中的主体地位，突出学生在教学中的操作能力，突出分享、体验、技能的教学目标。因此，"模块式"教学模式在提高教学效果、促进学生综合素质的全面发展、满足劳动力市场需求等方面具有明显的优势。主要表现出以下几个特征：

1.新颖性与独特性

思想和理念是教育的灵魂，"模块式"体育教学模式的新颖性就体现在其以先进的教育思想和教育理念作为指导，体现在教学观念、教学目标、教学手段、教学方法等方面。"模块式"体育教学模式并不是否定传统的教学模式，而是在一定的范围和条件下，根据新的教学理念实现教学目标，是对传统教学模式的发展。"模块式"体育教学模式的教学内容与岗位需求紧密结合，以学生为主体，能够充分体现以服务为宗旨、以就业为导向的高校体育教育方针。

2.可行性与推广性

一种新型的教学模式若想符合和体现现代的教育思想和教育理念，就必须有一套完整的操作系统和基本程序，还需通过实践证明其可行性。"模块式"体育教学模式以岗位体能需求为主线，将职业能力贯穿整个体育教学环节，积极引导和鼓励学生在实际操作过程中获取知识，完成工作任务。"模块式"体育教学模式更加强调知识的可实践性，更加注重知识的体验和运用，更加注重学生在教学中的操作能力。

3.稳定性与发展性

具有稳定性是教学模式形成和发展的重要标志。"模块式"体育教学模式是教学理论不断更新、教学实践不断进步的产物，它突出分享、体验和技能的教学目标，体现全面发展的教学理念，强调职业技能在高校和人才市场的重要性。

4.多元性与灵活性

"模块式"体育教学模式在教学内容、教学对象、知识类型等方面都具有自身的特性，与传统的体育教学模式相比，"模块式"体育教学模式的教学进程是相对固定的。"模块式"体育教学模式将每一个教学目标设定为一个子模块，是以培养学生运动能力和职业能力为目的的实践教学模式，其教学手段、教学过程是灵活多变、丰富多彩的。

第五章 高校体育自主教学与合作教学模式

第一节 高校体育自主教学模式

一、高校体育自主教学模式的构建策略

（一）强化学生自主学习观念

在多数高校学生的观念中，体育课就是打球、跑步，然后获得相应的学分，他们对体育课的本质缺乏理解和认识，不能完全体会体育锻炼的重要意义。

1.改变学生的传统观念

使学生认识到体育课对自身身体素质提升的重要性，让学生了解自主学习体育课程能提升交际能力和解决问题的能力，更好地适应未来社会的发展需要。帮助学生增强自主学习意识，树立自主学习的观念，促使学生积极主动地参与到体育锻炼和体育知识的学习当中，从而有效地提高学生的自主学习能力。

2.促使学生正确认识自我

在高校中，体育课程的选择和体育锻炼计划的制订都要以学生自己的身体条件为依据。所以，学生要对自己的身体状况有全面的了解和正确的定位。只有这样，学生才能确定适合自己的学习目标，进而制订出相应的学习和锻炼计划。

3.增强学生的自我监控与调节能力

在培养学生自主学习能力的过程中，教师要注意培养学生自我监控和调节的能力，让学生通过自我测试或反省等方式，控制和调节自己的学习目标和锻炼计划，及时改变

学习策略和方法，对自己获得的能力、技能和知识及时进行评价，树立自信心、扬长避短，不断激发学生的创造性和积极性，为学生自主学习能力的提升创造空间。

（二）打造"自主选择"的体育学习模式

在学生自主学习过程中，教师应充分尊重学生，根据学生的不同情况，适时打造"自主选择"学习模式。

1."自主选择"体育学习时间

基本上，各高校的教学管理形式是学分制，这种制度在课程选择上给予学生较大的自由，学生可以根据自己的具体情况选择体育课的内容。此外，学校还应该有针对性地创造条件，让学生自由选择上课时间，这样能够在一定程度上激发学生参加体育课的积极性，在保证与原有学分制同步管理的同时，有效地提升学生的自主学习能力。

2."自主选择"体育学习内容

高校应不断地丰富可选择的体育教学内容，给学生创造更多的能够依据兴趣爱好而自由选择的机会。但是，高校需注意调控学生的学习活动，加强教学管理。在高校体育自主教学过程中，应注意两个教学侧重点：一是充分利用高校丰富的体育资源，给学生更大的自主选择空间。尽量根据学生的兴趣爱好安排教学内容，在完成统一的教学内容之后，尽可能留出适当的时间，给不同基础的学生进行自主学习和锻炼。二是在学生自主选择教学内容之后，教师要加强对教学的监督和管理，并组织学生之间相互交流和学习。在这一过程中，教师要适时给予指导，保证学生的学习质量。

3."自主选择"体育学习方法

高校学生之间的身体素质存在着非常大的差异，所以教师要因材施教，根据学生对教学内容的理解程度和接受能力，引导学生选择适合自己的练习方法。此外，在教授对技术规范不作严格要求的内容时，不要限制学生的练习方法，要允许学生用不同的方式完成同一内容的练习。例如，在进行篮球运球训练时，教师应引导学生以个人、小组合作等不同方式训练，激发学生自主学习的积极性。

二、建立并完善自主教学模式的环节

高校若想建立一个科学合理的体育自主教学模式，应该彻底改变传统体育教学的教师本位思想，而要将学生作为教学的核心，所有的教学都围绕学生展开。

（一）组织引导系统

组织引导系统是高校开展体育自主教学模式的首要环节，也是基础和流程导向，具有重要作用。组织引导系统的主要作用在于宣传自主教学模式的理念和基本模式，并通过宣传让学生逐步认识、感知并接受这一教学模式。此外，组织引导系统的另一个重要作用在于激发学生对自主教学模式的参与热情，通过丰富多彩的形式将学生引入相关体育教学中，并让学生对学习产生深入理解、挖掘、探索的欲望。可以说，组织引导系统是激发学生参与自主学习的关键性环节，这一环节将为高校体育自主教学模式提供强大的原动力。

组织引导系统的核心在于教师的组织和规划。教师应先对教学目标进行宏观设置和整体把控，并进一步将目标细化为整体目标和阶段性目标，再根据目标安排相应的课程与教学手段。在组织引导阶段，课堂教学的内容与形式十分重要，教师需要快速抓住学生的注意力和兴趣，并给予其宽泛的想象空间，这对于后续自主学习系统的推进十分必要。以课堂教学的导入为例，传统的体育教学往往缺乏课堂导入环节，而在组织引导系统中，教师可以尝试用热门话题展开当堂教学，即设置相应的课堂教学导入机制，如精彩激烈的篮球比赛或街舞比赛、体育竞赛精彩时刻集锦等。这些话题紧扣教学内容，可以在很大程度上激发学生的兴趣和激情，对比传统的"集合—解散"模式，显然更有利于营造教学气氛，鼓励学生积极参与，能够在课堂刚开始时便抓住学生的注意力，为后续教学打好基础。

（二）学习系统

学习系统是自主学习模式的核心部分，即建立并完善学生的学习模式。学习系统主要包括内容和形式两个层面，同时，内容和形式也是学习系统需要明确的两个基本要素。内容是指学生需要明确地选择学习内容，这一内容可以是多样的，但应该充分结合学生的个人身体特质和兴趣爱好，在教师的引导和建议下最终确定；形式则是指学生自主学习的方法，学生可以自己进行，也可以分小组进行。

分小组进行是学习系统的一种常用的方法，其产生的学习效果也比较突出。通常情况下，教师会综合考虑学生的意愿和自身的教学计划，以此为依据划分小组，并对各个小组设立考评机制，最终根据小组学习情况和教学目标的实现程度进行评价。这样，小组内部各成员之间可以进行经验分享与学习互助，小组之间也可以形成良性竞争机制，从而在内外两个层面改善教师教学效果，提高学生学习效率。

除了内容与形式这两个基本层面，学习系统还需要在后续环节设置一定的配合内容。例如，在学生选择了学习内容后，期末的体育检测便可增设学生选择的项目，并保持一定的权重，这会使学生充分结合自身的实际情况，更用心地选择项目，更努力地学习课程内容。同时，教师可以在课堂上组织学生就"采用何种方式开展教学"进行讨论，综合考虑学生的意见。

（三）过程控制系统

过程控制系统属于自主教学模式中的控制性和辅助性环节，也是自主教学模式区别于传统自学的重要因素。一般来说，过程控制系统分为两个模块，分别是帮助和监管，高校可以基于这两个模块构建过程控制系统。

1.帮助模块

帮助模块主要用于解决学生自主学习过程中遇到的各种问题。由于体育运动的内容深入社会生活中的各个方面，学生在自主学习的过程中，不可避免地会遇到关于体育运动实践方面的问题，如锻炼方式，运动技巧，各项体育运动的细节动作、比赛规则等。如果没有科学有效的帮助模块，那么学生的疑问将会越来越多，最终严重影响自主教学模式的推进。在帮助模块中，可以设置师生之间、学生之间、小组之间等多种帮助形式，学生可以自我解决，也可以讨论解决，还可以寻求教师的帮助。帮助模块可以及时有效地解决学生在自主学习过程中遇到的疑问。

2.监管模块

除了帮助模块，监管模块也是过程控制系统的重要组成部分。在自主教学过程中，教师必须对整个过程进行监管，既要保证教学工作正常开展，还要保证教学目标顺利实现。换言之，教师必须通过一定的手段，及时有效地掌握学生的学习情况，当教学环境发生变化或者出现偏差时，教师应及时调整教学计划和自主教学模式。监管模块的实施方式十分多样，教师可以定期开展座谈会，组织学生小组内部讨论和小组之间讨论，让学生在讨论中分享学习经验，共同探讨学习问题。通过这样的讨论，教师可以及时地把握学生的学习动向，洞察其中存在的问题，从而进行纠正和调整。

（四）分层教学系统

分层教学法是近年来兴起的一种全新的教学模式，是实现和推动自主教学模式发展的强大工具和有效手段，和高校体育自主教学模式的构建有着良好的契合度。从目前的教学实践效果来看，分层教学系统的主要特点在于重新划分学生群体，充分结合自主学习的特征与客观要求，更加重视学生的个体差异与个体特征，从根本上颠覆了传统的体育教学模式和教学目标。因此，分层教学系统特别适用于灵活开放的高校教学环境。

在目前的高校体育教学中，体育教学类别的划分往往比较粗略，仅仅是区分专业类的学生与非专业类的学生。除了专项培训的学生之外，其余学生统一被划进非专业类进行体育教学，采用公共教育课程和体育兴趣选修相结合的模式进行教学。这一模式沿用多年，取得了一定的教学效果，但是随着素质教育的深入拓展和教学环境的变化，这一模式逐渐表现出越来越多的问题。比如，学生的个体意识不断增强，兴趣爱好各不相同，体育基础和发展锻炼方向有较大差异，在非体育专业的学生群体中，也不乏对体育运动充满激情、渴望得到专业培训的学生。传统的划分模式显然无法解决这些问题，因此，高校应建立并完善自主教学模式的各个环节，形成科学合理的体育自主教学模式。

三、建立科学、人性化的检测模式

在传统教学中，教学检测是体育教学的末端环节。每一次教学检测都是对整个教学系统和教学效果的总结与评价，每一次总结与评价都可以为后续教学的改进与发展提供有效的支撑。因此，科学、人性化的教学检测模式对自主学习模式的实施与发展具有重要意义。

在体育教学的检测模式方面，高校通常采用"及格线""评分制"等模式，即根据学生学习的内容设置相应的考试内容，对学生的测试结果打分，再判断其是否及格。在素质教育不断深化的今天，测试的手段在不断地丰富和发展，考试的内容也趋于多样化。例如，有的高校结合学生实际，开设了乒乓球测试、网球测试等项目，同时引入许多先进的体能测试设备，在提升检测精度的同时，提高检测活动的趣味性。可以说，这些措施是行之有效的，但是必须注意到，在现代化的检测模式下，"及格线""评分制"等模式并未得到根本性的转变。

在这一传统模式的影响下，很多高校的体育教学效果检测受到较大不利影响。首先，学生的身体机能和体育综合素养存在必然的差别，划定统一的"及格线"显然不够准确和科学。其次，对学生的测试结果，简单地以是否"及格"进行评价，显得太过粗略，对于学生后期学习的改进和教学方法的调整并没有明确的指导作用。最后，这种检测评价模式很容易挫伤部分学生的自尊心，从而进一步削弱其参加体育运动的兴趣与热情，甚至对体育教学产生抵触情绪，这对于高校的体育教学是十分不利的。因此，为了完善自主教学模式，高校在体育检测环节应该尝试更加科学和人性化的模式，只有这样，才能更有效地检测自主学习效果，同时为后续教学工作的调整提供有效的支撑。

"及格线"这一指标化的模式应该逐步弱化，高校需根据学生个体特征和身体素质，除基本身体机能测试项目之外，更多地和学生学习的课程结合起来。参加各类体育运动或体育比赛的成绩等测试结果，必须和学生的身高、体重等基本身体素质紧密结合起来，由此判断学生的身体机能是否正常、在哪些方面需要加强、后续学习的重点在哪些方面等。这样的测试方式显然更加人性化，能充分考虑学生个人身体素质的差异，同时也更加全面和科学。在测试过程中，借助现代化的各种检测手段、仪器可以提升测试的趣味性，也可以尝试将体育测试与学生身体机能的检测结合起来，形成针对学生综合身体素质评判的完善数据，这对于高校体育素质教育的推进具有十分重要的意义。测试完成之后，"评分制"的模式同样也应该逐步弱化，不应再以简单的分数呈现学生的测试结果，而应出具一份详细的检测报告。在报告中，详细列举学生的各项检测数据，对比学生的基本身体要素，指出学生哪些方面的机能正常，哪些方面的机能需要加强，并给出改善建议。报告中还应列举学生的不良生活习惯，呼吁学生改正。这样的检测模式丰富了目前体育教学的检测环节，人性化的检测模式可以在发挥科学检测效果的同时，大大拉近学生和体育运动的距离，让学生认识到体育运动和自身身体机能紧密的联系。检测报告给出的数据和分析结果可以有效激发学生自主学习的热情，报告中给出的建议可以成为学生自主学习的范本与引导性文件。出具检测报告这一方式更加科学、人性化，有很强的实践操作意义，对完善高校体育自主学习系统，形成良性循环，具有不可替代的积极作用。

四、积极扩展课堂外延

为了发展自主学习，高校应当将体育教学的课堂从单纯的操场或其他场地发散开来，将普通教室、多媒体教室、网络化教室等元素引入体育教学。例如，采用传统教学方法讲解跳高时，一般是教师进行简单的示范，然后学生反复地练习。但是，教师对跳高细节动作和技巧的讲解未必能让学生充分理解，因此这种方法存在一定的弊端。若扩展课堂的外延，教师简单讲解之后，在多媒体教室给学生播放跳远比赛的视频，这样的效果会更直观。还可以组织学生讨论，激发学生的学习热情，从而为自主学习的开展带来便利。

开展第二课堂也是发展自主学习的有效方式。教师可以经常开展篮球比赛、乒乓球比赛、羽毛球比赛等活动，吸引学生参加。为了在比赛中有较好的表现，学生不可避免地会对相关的体育知识和技巧进行学习和研究，精心准备和大量练习的过程能够在很大程度上推动自主学习的发展。

五、加强现代科技与自主学习的结合

（一）加强 CAI 系统与体育教学的结合

CAI 即 Computer Assisted Instruction 的缩写，意为计算机辅助教学。CAI 系统凭借其强大的多媒体功能和良好的互动性，在教学中得到了广泛应用。体育教学强调身体语言，不论是体操、篮球、乒乓球还是羽毛球，其身体语言都是由一整套复杂、连续、节奏较快的动作组成的，传统的讲解很难让学生产生直观的印象，学生把握不住其中的难点与易错点。而借助 CAI 系统，教师可以为学生播放相关视频，让学生对整套动作和流程有直观印象。以体操为例，教师可以给学生播放动作示范视频，在此基础上给学生讲解要点。对于体操动作中的要点和难点，教师可以通过暂停、慢放、定格、重放等功能，让学生看得更清楚，还可以及时地组织学生展开讨论，确保学生能够真正地理解要点和难点。

（二）逐步推广新兴课件化教学系统

课件化教学系统主要由播放设备、投影设备和遥控设备组成，用户群体日益庞大，网络资源也十分丰富。以篮球教学为例，篮球运动是一项集力量、速度、协调性和灵活性为一体的身体对抗类运动项目，相关的动作细节和复杂的规则都是不易讲解清楚的课堂教学难点。对此，教师可以制作形象生动的课件，并在课件中融入图像、视频等元素。由于课件具有高度自创性，因此课件较 CAI 系统更加人性化。比如，"单手肩上投篮"是现代篮球比赛中应用比较广泛的一种投篮方法，教师可以在课件中以动画的形式对"单手肩上投篮"当中的"蹬、伸、屈、拔"等关键性动作进行分解，还可以用小游戏的形式让学生进一步加深对所学内容的印象。

（三）搭建网络教学平台

网络教学平台并不是新生事物，在网络教学平台上，学生可以及时地查阅、下载相关信息，并完成学习、报名、缴费、考试等一系列操作。网络教学平台的便利性和完善性较好，在我国高校教学管理和部分学科教学中得到了广泛应用。但许多高校在体育教学领域并没有充分利用网络教学平台，很大程度上还是更加重视操场和场地训练的作用。实际上，在自主教学模式中，教学双方以及学生之间及时有效的沟通交流和资源共享是十分重要的。因此，高校应充分利用自身已经具备的校园网络设备，加快构建体育自主学习网络教学平台。

第二节 高校体育合作教学模式

一、高校体育合作教学模式概述

（一）合作教学的含义

合作教学的研究者从社会学、哲学、教育学和心理学等各个角度，研究教学活动中各种因素的作用，从而提出在教学活动中要进行合作教学的理论。在此基础上归纳总结出合作教学的含义，即以合作教学小组为基本形式，系统地利用教学动态因素之间的互动促进学生学习，以团体成绩为评价标准，共同达成教学目标。

具体来讲，合作教学具备以下三个方面的基本特征：

第一，以合作教学小组为基本形式。

第二，在互动交流中发展学生的推理能力、合作意识，以及解决问题、人际沟通等能力。

第三，以整个小组的成绩为评价的标准，有效促进小组成员相互合作。

（二）在高校体育教学中运用合作教学的意义

1.合作教学能充分体现学生的主体性

合作教学的教学模式不同于传统教学模式单向的教学形式，采用互动的教学形式，充分体现了学生的主体性。合作教学能够给予学生学习的自由空间，在合理分组的基础上促进学生间的沟通与交流。高校体育合作教学模式能够培养学生团队合作精神，鼓励学生充分表达自我观点，锻炼学生逻辑思维能力，真正贯彻以学生为主体的教学思想。

2.合作教学能促进学生身心的全面发展

体育本身就有促进学生身心健康发展的作用，但是若想真正发挥这一作用，应要求学生能够进行合作学习。合作教学强调小组合作，加强学生之间的人际交往，促进学生在情感、认知和身体的全面发展。同时，良好的身体素质和融洽的人际关系能够在一定程度上减轻学生的学习压力，提高学生的学习兴趣，保持学生良好的心理健康状态。

3.合作教学能够培养学生的团队精神，调动其学习的主动性

高校体育合作教学模式有助于培养学生的团队精神，充分调动学生学习的主动性。由于合作教学的成绩评估以小组的整体成绩为标准，所以很容易形成小组内的合作意识。合作教学增强了小组间的竞争性，学生通过团队协作与其他小组竞争，每个人都不愿意拖整个小组的后腿，这就调动了学生学习的主动性，也培养了学生的团队精神。

二、合作教学模式在高校体育选修课中的应用

（一）基本原则

1.以问解答

在高校体育教学中，教师不断提出问题是提高教学效率的有效手段之一。"提问"不仅加强了教师与学生之间的交流与沟通，而且帮助教师及时掌握学生对教学方法、手段、内容的意见和学习效率，有利于教师及时调整和改进教学方法。因此，在体育教学中，教师可以尽可能多地为学生设计问题情境，让学生在解答问题的过程中学习知识。此外，坚持以问解答的原则突出了体育知识技能学习的普遍性。有些动作技术比较复杂，在讲解示范层面不易掌握，必须深入研究、反复练习，才能掌握技术动作的细节。提出问题不仅可以激发学生深入探究、认真学习的激情，而且可以培养学生的创造性思维，对学生继续学习相关的体育技术动作具有"迁移"作用。

2.以灵带活

高校体育选修课教学的主要目的，就是改善学生的体质、增进学生的健康、培养学生的终身体育意识。在这一思路下采用合作教学模式，要注重教学内容和方法的灵活性，不拘一格，把所采用的教学策略、教学方法与教学手段放在一个比较轻松的教学环境中，拓展学生的思维，鼓励学生勇于沟通、敢于交流。这种沟通和交流不是简单的集体小组讨论，而是建立在思考问题的基础上，深入研究体育技术动作的结构、要领，方式灵活，集思广益，使学生达到共同进步的学习目标。因此，建立合作教学模式要坚持以灵带活的原则，充分发挥合作教学在高校体育选修课教学中的作用。

3.体验实践

练习，在一节高校体育课中所占的比重通常比较大，但教师常常会发现，学生对动作技术的掌握参差不齐。原因在于练习过程中，多数学生只注重个体思维的发挥，或只强调个体对动作技术的理解，而不善于发挥学习小组的力量，抑制了互助合作意识。虽然在此过程中有教师的指导或纠正，以及同伴的提醒，但促进作用不大，因为学生已陷入思维定式中。合作教学模式注重实践性，这种实践性不是简单的对练习方式的掌握和运用，而是在平稳有序的教学内容下强调"小组"的作用。

4.主动配合

构建合作教学模式要强调师生、生生之间的主动合作,这是学习态度和意识的体现。教学方法、学习方法、教学内容、教学组织等都可纳入小组讨论的范围,但同样需要教师与学生主动配合。有时,合作教学模式在实施过程中也会出现问题,如班级内部的各种矛盾、师生之间的矛盾等。为了不影响合作教学模式的构建,教师必须妥善解决这些问题,强化学生的主动合作意识,营造一个健康和谐的学习氛围,提高教学效率。

(二)功能与效果

1.关注个体差异,开拓思维

教师在体育教学中要针对学生的性格特点,关注个体差异,使体育教学面向全体,在划分小组时要注意各种不平衡现象,不断缩小差距。在组织讨论时尽可能地发展学生的创造性思维,培养学生的参与积极性,提高学生解决问题的能力等。

2.进行案例分析,培养兴趣

有的体育教师会在小组中安排一名各方面素质都较强的学生担任小组长,同学们在其领导下进行各种案例分析,重点讨论那些比较复杂、难以理解或容易犯错误的动作技术。案例分析的方式可以提高学生对技术动作的掌握程度,培养学生的体育兴趣。

3.人性化管理,获取自信

合作教学模式体现了"人性化"的管理理念。在学习过程中,整个小组既面向全体,又关注个体差异,小组内每个学生都有参与的机会,有利于培养学生的自信心,这有别于传统的体育教学。小组中尊重个体的讨论意见,鼓励练习时彼此借鉴,有利于学生提高学习效率。

(三)注意事项

1.体育教学方法的运用

在不同情况下,采用不同形式的教学方法的主要目的,都是使教学进度和教学效果实现最优化。在合作教学过程中,体育教师往往会运用一些比较先进合理的教学方法,如探究式、讨论式、自主式、启发式、案例式等。这些教学方法深受广大学生的喜爱,取得了相当好的教学效果。

2.考核成绩的评定

合作教学模式的重点是评价方式，合作教学模式的评价方式与传统体育教学的评价方式有很大不同。传统体育教学评价大多是跟踪式的教学评价，以课堂教学效果为目标，根据学生对动作技术的掌握程度进行评定，突出学生个体之间的竞争。合作教学评价则把个人之间的竞争转化为小组之间的竞争，把个人计分改为小组计分，把小组总体成绩作为奖励或认可的依据，形成了"内部成员合作，外部成员竞争"的新格局，使得整个评价由鼓励个人竞争达标转向鼓励大家合作达标。这种评价方式以小组成绩为依据，因此学生能否取得好成绩不再取决于个体成员的成绩，而是取决于其所在小组的总体成绩。合作教学的教学评价使小组成员认识到，小组是一个学习的共同体，个人目标的实现依赖于集体目标的实现。这种评价方式可以激励小组成员互相帮助，实现"不求人人成功，但求人人进步"的教学评价目标。这不仅有利于培养学生自主学习的习惯，还有利于打造舒适健康、高成就动机的教学环境。

3.体育教学资源的有效开发利用

合作教学模式的优势是能够实现体育教学资源的有效利用。随着高校生源不断增加，学生人均活动空间不断缩小，体育场地资源无法满足现实需要。合作教学模式可以充分利用现有场地资源开展体育教学，由"人人拥有器械/场地"变为"组组拥有器械/场地"，不仅能显著提高器械和场地的分配使用率，而且也能让学生学会如何利用有限的资源进行体育锻炼，节约器械和场地，突出小组合作的优势。同时，在教学过程中，各小组可以根据分组情况和项目内容对体育场地和器械进行合理分配或再分配，使体育教学资源得到合理、有效利用。

三、高校体育合作教学模式的构建

（一）体育合作教学模式的基本要求

1.合作教学分组

体育合作学习的教学分组主要根据"组间同质""组内异质"进行。组间同质是指各组学生水平基本一致、保持均衡；组内异质是指各组组内成员各方面之间都有一定的差异，主要包括性别差异、学习成绩差异、特长差异、体育技能水平差异等。同时，体育合作教学的分组还必须考虑学生的兴趣和意愿。

2.教学中的教师任务

教师在充分了解学生水平的基础上，根据具体教学内容设计相应的教学方法和教学任务，在体育教学过程中进行主导性讲授，并指导学生合作教学。

3.教学中的学生任务

在体育教学过程中，学生应根据教师要求，以合作教学小组为基本单位，充分发挥主观能动性，采用多种途径，通过集体合作完成任务。

4.集体讲授课

教师根据不同的教学内容，合理安排集体讲授和分组合作教学的时间，讲解过程要突出重点、简单明了、注重效率。

5.合作教学小组的课堂活动

教师在进行合作教学之前，要向学生讲明：只有小组成员全都完成了学习任务，整个小组的学习任务才算完成。小组内成员要互相监督，检查同伴完成任务的情况，确保所有成员都能够完成学习任务。教师在学生进行合作时，要巡视、观察、记录，并适时地提供指导。

6.测试与反馈

学生在完成教学任务后，要进行独立性测试或参加合作教学小组间的竞赛。教师根据测试结果或竞赛结果进行评价、总结，使学生认识到自己的不足，以便日后改正、提高。

7.课后任务

教师根据教学目标和教学要求，合理地布置课后复习、预习任务及作业。

（二）体育合作教学模式在体育教学中的应用

1.学生自学

体育合作教学的前提是学生个体学习、练习动作技能，体育教师要根据不同的教学内容、教学任务、学生水平等制定相应的教学目标。要突出教学的重点和难点，要求学生根据教师设计的技能学习流程自学、自练，并根据个人特点选择场地和器材。

2.小组讨论

学生完成自学后，教师要组织学生在小组内讨论，让学生体验成功的喜悦。讨论的时间要根据教学内容、教学难度确定，时间不需要太长，5分钟～7分钟为宜。小组合作学习完成后，学生还可以进行组间交流，教师可以根据学生的交流结果总结、补充，并适当讲评。

3.学生自主练习

在自学、小组讨论、教师讲评后，学生可进一步练习，提高技术、技能，以期取得更佳的学习效果。

4.学生技能展示

学生在完成动作技能的学习、练习后，每个小组可以选出一个代表，在全班同学面前展示学习成果。

（三）高校体育合作教学模式的构建路径

1.转变传统体育教学思想，培养学生合作学习意识

新时期高校体育的发展现实要求各高校必须转变传统的体育教学思想，更加重视对学生素质的全面培养，充分认识提升学生合作学习意识的重要性。教学思想是指导教学实施的前提和基础。合作教学思想认为，小组学习中的团体压力和学生之间的沟通交流，有利于提升学生的学习主动性，体现学生学习的主体性。应改变传统的以教师为主的教学模式，真正让学生成为教学的中心，形成师生间、学生间的动态互动模式，从而激励学生相互借鉴、共同学习。

2.创新设计学生合作学习过程，进行合理分组

高校体育教学模式在实施过程中，要创新性地设计学生合作学习的过程。应根据教材的内容制订计划，目的是达到教材中的某一教学目标，只有拥有正确的目标才能顺利开展学习。此外，应根据每名学生的不同兴趣爱好、身体状况、体育特长等进行分组，并确定小组目标，这个目标要符合小组的实际情况，并能使每位同学都能在小组内起到重要的作用。

3.完善体育教学的评价标准，激励学生主动合作

高校体育合作教学模式的实施能否收到成效，是否达到教学目标，需要有一个具体

的评价标准。合理的教学评价标准有助于激发学生的学习主动性,也能够为教师提供一个明确的教学方向。合作教学的评价主要包括教师评价、小组自我评价、其他小组评价等,最重要的是要将小组视为一个整体进行评价,这样才能构成一个完整的评价体系。此外,教学评价要科学、全面,不能全部否定,也不能完全认同,要本着激励每位学生的原则平等地评价,在强调个人对小组的重要作用的基础上,肯定每位成员的进步。

(四)运用体育合作学习教学模式应注意的问题

1.注意学习中的群体发展

体育合作教学小组的成员由具有不同层次体育技能的学生组成,这样的构成有利于小组成员充分掌握体育知识和体育技能技术。在合作学习中,体育技术技能好的学生,往往是一个小组内的组长,他们对技术技能掌握、理解得比较好,并可以为小组内其他暂未完全掌握要领的同学提供指导,从而进一步强化动作技术技能的记忆,提高自身水平。在体育教学过程中,为使每名学生对体育技术技能的学习都达到最佳效果,在选择体育教学的手段和方法时,要根据学生个体的特点,因材施教,创造适合每位学生学习的条件和环境,以达到最佳的教学效果。

2.注意培养学生的创造能力

在体育合作教学过程中,教师应该给学生更多的选择空间,为学生提供发挥创造性的机会。例如,在体育教学目标、体育教学内容、体育教学方法、体育教学评价等方面提供更多的选择。

3.注意充分发挥教师的主导作用

由于体育合作教学模式给了学生充分的"自由度"及"自由权",学生的主动性大大提高,因此要注意"自由"与"随意"之间的区别,避免造成"放羊式"教学。学生在进行合作学习时,教师要不断地巡视,对学生在学习过程中出现的问题及时予以指导,引导学生解决问题。

4.注意发挥小组长的作用

体育合作教学小组的组长在合作教学中发挥着十分重要的作用,因此,体育教师要注意培养一批有较强工作能力的小组长。为调动学生的积极性,可以采用"竞争上岗"的方式,并在体育合作教学过程中充分发挥小组长的助手作用,让小组长协助体育教师完成体育教学工作。

5.注意师生互评促进提高

体育合作教学小组活动评价是体育合作教学的主要特点，也是检验合作教学效果的主要手段。因此，教师在评价学生体育学习成绩时，要把重点放在学生不同程度的进步上，根据学生进步的程度进行成绩评价，使每一位学生都能感受到在个人的努力下获得了不同程度的肯定。

第六章 高校体育俱乐部教学模式

第一节 高校体育俱乐部教学模式概述

一、体育俱乐部教学模式的概念与类型

（一）体育俱乐部教学模式的概念

体育俱乐部教学模式是由学生自主选择教师，同时根据开设的项目系统地学习某项目的原理、方法、组织等方面的知识，培养相应能力的教学模式。体育俱乐部教学模式注重培养学生的体育兴趣，提高学生的体育能力。这种以俱乐部形式进行教学的方式，更加注重将知识性和趣味性相结合、理论和实际相结合，发挥学生的主观能动性和创造性，让学生积极参与，在体育锻炼中感受到快乐和成就感，达到培养学生参加体育锻炼的意识、提高学生运动能力的目的。高校体育俱乐部教学模式是以培养学生终身体育意识、习惯和能力为主的教学模式，它能够有效衔接学校体育与社会体育，使高校体育向着终身化方向发展。

（二）体育俱乐部教学模式的类型

课外体育俱乐部是高校体育俱乐部教学的最早形式，它作为高校体育课的延伸和补充，以拓展学校体育功能、培养学生拥有良好的体育习惯和行为为主要目标。课内体育俱乐部模式是近几年我国高校体育教学改革的一个热点，它以现代的教育思想和教育理论为依托，充分体现人本主义的教育理念，以构建现代高校体育新的学习方式为目标。课内外结合的体育俱乐部是伴随着高校素质教育的兴起，以培养学生的整体教育观为出

发点，提出课内课外一体化的体育管理模式，它以终身教育思想为指导，以培养学生适应学习型社会的能力为目标。

1.课外体育俱乐部教学模式

（1）课外体育俱乐部教学模式的组织形式

课外体育俱乐部是活跃于高校体育课堂之外的一支重要力量，其组织形式包括学生团体或社团组织、体育教师个人组织、社会单位与个人组织等。各种组织形式有共同的特点，即面向全体学生，学生根据自身的爱好自愿参加俱乐部活动，且活动不分班级和年级。活动内容和过程不受体育教学大纲和学校教学进度的制约，大多围绕展示表演和比赛展开。俱乐部活动时间分为固定或不固定两种类型，由俱乐部单独决定。俱乐部大多采用会员制，参与者需缴纳一定的会员费。

（2）课外体育俱乐部教学模式的特点

高校各种类型的体育俱乐部和其他的校园文化组织一起发挥着丰富高校校园文化的作用，由于它面向高校全部年级的学生，因此可以在一定程度上满足不上体育课的学生的体育锻炼需求。高校体育俱乐部活动围绕校园文化节、社团活动月等展开，有的活动项目是学生课内学过的，有的则是通过聘请老师指导所得，还有的是由学生中的一些特长生自行指导而开展的，因此体育锻炼效果参差不齐。

2.课内体育俱乐部教学模式

课内体育俱乐部教学模式是建立在体育教学模式基础上的体育教学形式，其将现代高校体育教学理论融入高校体育课堂，从思想、组织、形式、方法、评价等五个方面进行系统的更新，改变传统的高校体育教学中的班级授课制，在课堂内提倡开放性、自主性、自由性、随机性，学生的课堂学习完全是一种主动积极的行为，体育教师需承担设计、辅导、检查、指导四个方面的教学任务。这种教学模式改变了传统的体育教学模式，学生与教师的角色也发生了根本性的变化。

课内体育俱乐部是伴随高校体育教学的改革而适时出现的具有尝试性的研究课题，虽然部分高校已经建立了课内体育俱乐部教学模式，但由于学生和教师认识上的偏差，以及高校体育课程环境的差异，课内体育俱乐部教学模式的实施方法仍然得不到全面的推广和应用，因此还没有完全普及。

（1）课内体育俱乐部教学模式的组织形式

课内体育俱乐部教学模式打破了原有班级的限制，由学生根据自身特点选择体育运动项目与运动时间，并与体育教师合作完成体育教学。体育课是高校一至二年级学生的必修课之一，因此，高校开展体育俱乐部教学的对象大多数是入学两年内的学生。此外，课内体育俱乐部教学模式在具体实施过程中，通常有两种情况出现：第一，部分高校采用一年级以上统一的基础体育课，如田径、武术等体育课程，在二年级才开始安排俱乐部课。第二，部分高校从新生一入学便组织上俱乐部体育课，但在二年级时又重新选择运动项目，并安排俱乐部体育课。对于上述问题，相关学者进行了研究，指出我国中学体育和高校体育存在脱节的现象，所以有必要在高校一年级对学生进行基础体育教学，提高学生的体育综合素质，为学生进入高层次的俱乐部学习奠定基础。

（2）课内体育俱乐部教学模式的教学内容

高校课内体育俱乐部开设的项目包括乒乓球、羽毛球、篮球、网球、足球、武术、跆拳道、台球、垒球、太极拳、女子防身术、健美操、体育舞蹈等。通常情况下，各高校需要根据自身的软硬件设施，合理选取部分项目开设课内体育俱乐部，这也决定了各高校在俱乐部体育项目的设置方面存在着较大差异。

（3）课内体育俱乐部教学模式的课堂时间

参加课内体育俱乐部的学生按照同一年级、不同班级的形式上体育课，学生上课时间相对固定，每周安排2课时，排入课表，相关学生必须参加。此种形式的俱乐部完全由学生根据自身条件选择上课内容，对部分高校而言，难以在专业教师、硬件设施等方面满足全体俱乐部成员的需求，实际操作难度较大，不易实现。

（4）课内体育俱乐部教学模式的优势与存在的问题

相对于传统体育课教学模式而言，课内体育俱乐部教学模式更强调"以人为本"的精神。因为学生是根据自身的兴趣爱好选择的课程，所以上课愿望较强，积极性高。对于体育教师而言，该模式避免了学校制定的规范课程和教师自身体育专业不对口的问题。教师可以充分发挥自己的专业特长，有利于提高教师教学的积极性，调动教师上课的热情。但是，体育教师应该在教学过程中重视理论与实践的紧密结合，在运动实践教学中渗透相关理论知识和体育健身锻炼方法，并运用多种授课形式和现代教学手段，扩大学生的体育知识面，提高学生的认知能力。采用课内体育俱乐部教学模式时，要注意避免单纯传授体育技术、技能和以教师为中心的教学观念。

单纯的课内教学俱乐部无法实现培养学生的终身体育意识、帮助学生养成终身体育锻炼习惯的目的。同时，该模式面向的对象仅限于高校一至二年级学生，无形中将三至四年级的学生排除在外。教师如果没有在课外时间对学生的锻炼活动做出明确的指导，会使部分学生放弃体育锻炼，因此，要格外注重学生课外时间的体育锻炼，以此促进高校学生养成真正的体育锻炼习惯，培养学生终身体育锻炼能力。

3.课内外一体化体育俱乐部教学模式

课内外一体化体育俱乐部教学模式是高校体育教学中的一种体育文化现象。具有相同体育兴趣爱好的高校学生，基于自我发展与完善的需要，自由选择体育活动项目，并且结成具有社团性质的体育团体。学生通过体育教师的指导，根据自身特点自主选择体育课程内容、体育教师和上课时间，再结成有组织的课外体育活动团体，营造生动、活泼、主动的校园体育文化氛围，实现高校体育教学与课余体育活动保持连续性和统一性的目标。

课内外一体化体育俱乐部教学模式的特点是学生拥有"三自主"，分别是自主选择学习项目、自主选择任课教师和自主选择上课时间。学生自己确立目标并评价，使自己由被动学习者变为主动参与者，从而形成良好的体育素养和健身意识，树立终身体育的观念。

（1）课内外一体化体育俱乐部教学模式的组织结构

每个教学俱乐部包括主席一名（体育教师），指导教师若干名，副主席一名（一至二年级学生），宣传组长一名（一至二年级学生），相关办公人员若干名（一至二年级学生），志愿者若干名（三至四年级学生）和其他人员。主席主要负责处理俱乐部提交的申请，宏观把握俱乐部的发展方向和计划安排，并和指导教师共同负责完成课堂教学，指导副主席组织管理会员的课外活动。副主席负责组织管理会员的课外活动，上传下达，反馈意见。宣传组长需要负责对外宣传工作。志愿者的主要任务是协助副主席完成指导教师下达的具体任务。

（2）课内外一体化体育俱乐部教学模式的活动内容

课内外一体化体育俱乐部的活动内容主要包括课内教学内容和课外教学内容两个部分。课内教学内容包括体育基础理论知识、体育专项运动基本技术、体育技能、体育单项运动的裁判知识等；课外教学内容则以组织学生进行专项锻炼、表演和比赛为主，通过学生参与组织管理实现体育知识的运用与实践，从而进一步培养学生终身参与体育运动的意识。

（3）课内外一体化体育俱乐部教学模式的优势及存在的问题

高校体育教学实行课内外一体化俱乐部教学模式，可将课内外教学内容融会贯通，紧密结合，相互统一。该模式便于学生系统性掌握体育运动的基本知识和相关技能，更好地掌握锻炼方法，取得良好的体育锻炼效果，有效地增强身体素质，提升健康水平。不仅如此，课内外一体化体育俱乐部教学模式还能满足学生的运动需求，培养学生的个性，促使学生养成锻炼的习惯，提高体育运动能力和技术水平，为终身体育打下良好的基础。同时，学生通过在活动过程中参与组织与管理，加强主观能动性，提高组织管理能力。学生在管理与被管理的过程中，协作能力也能有所提升，最终实现团结协作精神的加强。

部分学生在选择体育项目时存在盲目性，目前仍有一部分学生在进入高校之前没有上过系统的体育课，而大部分学生虽在进入高校之前接受过正规的体育课教学，却以田径为主，只有极少数学生学习了武术或健美操等体育项目。这与生源所在地有较强的关联性，部分学生对开设项目的内容不甚了解，导致他们在选择体育项目时产生盲从心理。因此，学校应做好各体育俱乐部的宣传工作，使学生对俱乐部有一定程度的认识和了解；教师要做好引导工作，避免出现学生过度集中于某一俱乐部，导致管理和教学上发生诸多问题的情况。

二、高校体育俱乐部教学的现状及存在的问题

（一）高校体育俱乐部教学现状分析

1.高校体育俱乐部教学的组织现状

我国现行的体育俱乐部教学模式，在教学形式、管理体制、组织方法、师生关系等方面都存在差异，绝大部分学校都实施课内教学俱乐部或课外教学俱乐部，极少部分是课内外一体化教学俱乐部。课外体育俱乐部具有独立性，是课内俱乐部教学的补充和延伸。课外体育俱乐部不承担课程教学任务，只是为学生提供一个能在课余时间组织、开展单项体育活动或比赛的组织形式。

不同类型的体育俱乐部，其组织形式也存在一定的不同。高校课内体育俱乐部有固定的上课时间，学生必须参加，以自主练习为主。高校课外活动类体育俱乐部没有固定的上课时间，以学生的课外活动为主，由学生社团或体育爱好者自发成立，学生自己组织活动和比赛，若遇到问题则向教师提问。业余训练类体育俱乐部以校运动队训练、提高运动技术水平为主，由负责训练的教师组织，以上课的形式实施，有固定的训练时间，被选入运动队的学生要主动参加。综合类体育俱乐部分为营利性和非营利性两种，前者

按市场规律运作，向参加人员（包括校外人员）收费，利润由学校或经营者分成；后者不按市场规律运作，服务对象主要是本校学生，向其适当收费。在这两种情况下，体育教师既是组织者、辅导者，又是体育教学活动的经营者。

2.高校体育俱乐部教学考核与评价现状

目前，我国高校体育俱乐部教学对学生的考核评价，主要采用"结构考核"和教师终结性绝对评价相结合的方法。"结构考核"的主要特点是将知识、态度和运动能力一起放入体育考核内容中，其目的是完成整体要求，实现理论与实践、技术与能力、成绩与态度的紧密结合。实际上，"结构考核"中的内容以教师的评定为主，例如学习态度、知识考试和技能技术等方面的评价，这些内容对教师的工作态度和公正精神有较强的依赖性，因此对学生的客观评价具有不稳定性、局限性和片面性。对现阶段我国高校体育教学来说，这可能是一种比较可靠的教学考核与评价方法，但从考核与评价的角度分析，高校体育教学考核评价体系必将从教师的绝对评价到相对评价、从终结性评价到过程性评价的转变中取得更高质量的发展成果。

3.高校体育俱乐部教学模式的发展现状

目前，我国高校体育俱乐部教学尚处于发展阶段，因此各校设置的课程也略有不同。近年来，高校扩招造成了现有体育教学场地的不足，这就在一定程度上影响了体育教学的顺利实施。学生在选课时，以球类项目为主，但教学场地受限与器材数量不足等问题都对体育俱乐部的教学效果产生影响。

此外，现阶段我国高校体育教学模式在管理上尚待规范与健全。由于教师专项结构不尽合理，部分教师的专业水平已经无法满足当下学生的多元化需求。随着未来社会健身、娱乐、休闲运动的普及与发展，学生学习的兴趣和爱好不再局限于传统的体育项目，这对目前体育教师的专业知识提出了挑战，也提出了更高的要求。

（二）高校体育俱乐部教学存在的问题

1.场地、器材与需求差距较大

部分高校在实施俱乐部教学模式以后，丰富了传统体育教学所重视的田径、足球、篮球、排球、体操等一些项目的场地和器材资源。但一些新兴的、娱乐性较强的、深受学生喜爱的项目，如羽毛球、网球、轮滑等的资源仍然短缺，场地、器材与学生需求十分不平衡。

2.教学经费的筹集渠道有待拓宽

高校体育教学经费绝大部分依赖学校拨款，经费来源十分单一，这种现象与学校的管理制度和管理者的思维方式有很大关系。拓宽筹集教学经费的渠道，不仅可以解决体育教学的经费问题，还可以帮助学生养成良好的体育消费观念，搭建学校与社会的互动交流平台。

3.师资队伍对教学模式的变化不适应

我国许多高校体育教师队伍的更新速度无法跟上教学改革的需求，导致教授传统体育项目的教师比较多，而教授新兴项目的专项教师比较少。但是喜欢新兴项目的学生数量日益增加，不妥善解决这个问题，就无法从根本上实施体育俱乐部教学模式，因此必须建立完善的教师教育机制。

4.过于重视学生兴趣的发展，忽视体育教学的内容

体育教学改革在一定程度上摆脱了传统体育教学模式的束缚，尊重学生的学习主体地位，为学生提供了自由发挥的空间。然而，过度的"自由"会使教师完全以学生的兴趣为教学中心，安排教学目标，导致师生错误地认为满足学生的兴趣需求就是尊重学生的主体性。在体育教学中重视学生的兴趣无可厚非，但是完全以学生兴趣为教学中心却是行不通的。

高校体育教学担负着促进学生身体健康的重要使命，应着力强调提升学生现实的身体素质，在内容安排上针对学生体质健康存在的问题，以改善学生的身体机能、促进学生身心健康发展为重点安排教学内容。

三、高校开展体育俱乐部教学的现状

（一）实现由"普修"到"专修"的过渡

"普修"指普修课，也被称为公共课，是高校根据培养目标所开设的专业知识和专门技能的课程，适合大部分学生。"专修"指专修课，也被称为专业课，是高校学生集中学习和专攻某一特定领域的课程或科目。"普修"和"专修"是高校体育教学中两种不同的课堂教学组织形式，同时也是体育教学组织形式发展变化中的两个截然不同的阶段。"普修"属于传统体育教学的范畴，它将学生按照一定的数量进行分班教学，不考

虑学生的个人兴趣爱好，通过统一的教学大纲进行教学。在"普修"教学模式中，学生所涉及的课程大多是中小学体育课中出现过的内容。"专修"则是以某一类体育项目为主线，根据学生的兴趣爱好安排本项目的体育课。在由"普修"到"专修"的转变过程中，无论是课程设置还是教学组织形式都发生了根本性的转变。

高校体育"普修"课程的设置主要是根据体育教学大纲设计的，体育课程内容比较少。"专修"是从学生的角度出发，根据学生的兴趣爱好设置体育运动项目，此类项目的数量比较多，可以更大限度地满足学生的需求，从而做到因材施教。"普修"是以遵循高校体育教学大纲为出发点，"专修"是以学生的兴趣爱好为最终目的。在具体组织形式上，"普修"是以相同专业的学生，按照一定的人数进行统一的教学，体育教师也不一定是该体育专项的教师；"专修"采用自由体育选项，由该体育专项的优秀教师担任体育教学工作，学生根据自己的爱好、时间和教师的专项选择上课的类型、时间和教学老师。"专修"课程突出了"以人为本"的现代体育教学理念，塑造了学生的个性特征。在教学效果考核方面，"普修"考核的内容较为单一，以期末考试为最终的成绩；而"专修"考核的内容比较全面，主要包括学生的上课率、参与体育教学的积极性、自我锻炼成果、参加体育比赛的成绩等。

全面实行体育俱乐部教学体制有利于推动高校体育教学组织形式改革。高校体育俱乐部教学模式能够全面、均衡地体现出学生在教学过程中的自主性、民主性以及合作性。高校体育俱乐部的教学体制十分复杂，因此，学校要从素质教育的教育理念出发，依据现代体育课程的基本理论，将课堂内的教学延伸到课外，将早操、课外活动、体育俱乐部活动等都纳入体育教学的统一管理体系之中，形成完整的课内外一体化的教学组织形式。课外体育活动需要因地制宜，开设受学生欢迎的体育教学俱乐部，尽可能多地将学生吸引到各种体育俱乐部中来，实现有组织、有指导的课外训练目的。负责俱乐部的教师既是组织者、管理者，又是体育教学活动的教练员。俱乐部的活动每学期要有计划、有训练内容、有考核，最终完成从专修课到俱乐部形式的转型。

（二）因人而异，因材施教

通过对比现代体育教学俱乐部与传统体育教学组织形式可以发现，传统体育教学组织形式以体育教学大纲为主体，以项目为主线。传统体育教学的选修课多是以少数几类体育运动项目为基础，导致学生选择面比较窄。现代体育俱乐部教学在教学组织形式方面比较灵活，学生可以自由选课、自由选择上课时间、自由选择任课教师。传统体育教学以体育教学大纲为关注点，突出的是体育运动项目，而体育俱乐部突出的是学生的兴趣爱好，关键点因人而异。此外，体育俱乐部相对于传统的体育教学，更关注学生的个性发展，强调培养学生的学习兴趣，改善学生的学习行为。在教学组织方面，传统的体育教学注重班级的整体性，强调统一性，强调班集体的整体发展；体育俱乐部能够突出体育教学组织形式的多样性，极大地满足学生的体育爱好。在师生关系方面，体育俱乐部注重教师与学生之间的相互协作、双向发展。体育俱乐部教学模式的突出特点主要体现在时代性、社会性、针对性、适应性、可操作性和实效性上，从而也更具有优越性。

（三）高校体育俱乐部教学模式的利弊

1.高校体育教学俱乐部的优势

（1）满足学生的个性发展需求

高校学生大多处于 18 岁～22 岁，自我意识比较强，注重个性的追求。高校体育俱乐部教学形式能极大地满足学生的个性需求和自主选择愿望，让学生自主选择上课时间、体育项目，增加了学生与体育教师交流的机会，提高了学生的锻炼积极性，激发了学生的课外活动热情。

（2）激励教师提高自身水平

高校体育俱乐部教学模式下，学生可以自主选择体育项目和体育教师，学生的选择会直接反映教师的上课情况和受学生欢迎的程度。因此，高校体育教学俱乐部模式可激励体育教师不断提高自身水平，进而提升整个教师队伍的素质和教学水平。

（3）为体育教学模式改革提供过渡条件

传统的体育教学具有一定的固有教学模式，相比之下，体育俱乐部教学模式更具有灵活性和创新性。由传统体育教学模式向体育俱乐部教学模式的转变需要一段过渡时间和先决条件，高校中各种体育社团和协会能够为这种转变提供现实、自然的过渡条件和基础。

（4）培养学生终身体育的意识

体育俱乐部教学模式注重学生的自主性，有助于消除学生的厌学心理，促使学生发自内心地喜欢体育锻炼，在较大程度上提高了学生锻炼的积极性和热情，培养了学生长期进行体育锻炼的好习惯，同时在思想上也培养了学生终身体育的意识。

2.高校体育俱乐部教学模式的不足

当前，虽然部分高校已经开展了俱乐部式教学，并且体育教学方法也发生了一定程度的改变，但是与传统体育教学还存在一定的联系，不能完全摆脱传统体育教学模式的影响，甚至一部分高校只是在传统体育教学模式中稍加改善。

高校体育俱乐部教学模式存在以下几点不足：

第一，学生自主选择上课项目，会打乱原来的班级，给排课、成绩录入等工作增加困难。

第二，项目之间易出现人数不均的问题，增加教学难度。

第三，对体育场地、器材设施和师资队伍的要求更高，部分高校难以满足。

第二节 高校体育俱乐部教学模式的应用

一、高校体育俱乐部的管理原则

（一）"以学生为本"的原则

高校体育俱乐部的运作目标要求教师坚持"以学生为本"的原则，在组织各种体育锻炼和竞赛活动时要倾听学生的心声，把握学生的心理，明确学生的体育运动需求，唤起学生的体育运动热情。这样学生才会积极地参与到体育俱乐部的各项活动中去，才能让高校体育俱乐部的发展有扎实的学生基础。

高校体育俱乐部的发展和管理要以学生健康运动为设计原则，在组织各项体育锻炼活动时要充分考虑其是否有利于学生的身心健康发展，要考查学生的身体素质，并针对不同身体素质的学生设定科学合理的运动量，避免损害学生的身体健康。

高校体育俱乐部在运营过程中要充分保证学生的人身安全，要对开设的体育项目加强审查，定期检查体育器材，采取一定的保护措施，消除安全隐患，避免对学生的人身安全造成伤害。

（二）一体化原则

无论是课内体育俱乐部、课外体育俱乐部，还是课内外一体化体育俱乐部，或是竞技体育俱乐部，都必须遵循统一规划的原则，建立健全逐级监督制度。由主管体育工作的学校领导负责制定体育俱乐部的总体规划，同时负责督促并检查体育俱乐部的工作安排。体育俱乐部主任主要负责俱乐部工作进度的安排，检查每位教师的工作执行情况。每名教师要完成各自的工作计划，为学生建立详细档案，以备查询。俱乐部里的学生骨干则主要负责召集俱乐部成员参加体育活动，完成具体的管理工作。例如，组织各种教学比赛、监督俱乐部成员的体育活动完成情况等，在俱乐部里起到模范带头作用。

（三）层次化原则

受个体差异等因素影响，每名学生的身体素质各不相同。体育教师应该针对不同学生的身体状况，采用科学的、定量化的体育锻炼方法。通过分层教学，帮助学生由浅入深、循序渐进地掌握体育项目的知识和技能。每一级的教学层次都应有与之相对应的教学大纲、教学要求和切实可行的教学模式，从而根据不同学生的运动水平，指导学生达到该体育运动项目的等级。这样做的目的是引导学生在学习中产生"爬楼梯"的感觉，激励学生"更上一层楼"，完成预定的体育教学目标。

二、高校体育俱乐部的管理途径

（一）"三步走"措施

1.第一步

高校体育俱乐部若想解决资金困难，就要拓展经费来源渠道。资金问题是制约高校体育俱乐部发展的首要问题，学校要拓宽资金筹集渠道，改变过去单一依靠学校财政支持和学生交纳会费的经费筹集形式，积极寻找更多的资金来源渠道。首先，各高校要重视体育俱乐部建设，要把体育俱乐部作为高校体育事业的重要组成部分，可以成立专项资金用于体育俱乐部的运营管理，做到专款专用，保证体育俱乐部的日常正常开支。其次，学校应成立体育俱乐部管理运营领导小组，保证对体育俱乐部日常活动的指导监督。

最后，高校体育俱乐部可以到社会上多方筹措资金，如寻找企业提供赞助。当前，很多企业都十分重视开发高校市场，急需加强和学校的联系。高校体育俱乐部可以以这些企业为突破口，寻求合作，让企业在体育俱乐部举行大型体育竞赛时提供必要的资金赞助，或者器材、设备赞助等，甚至可以建立长期的合作关系，这有利于缓解体育俱乐部运营的资金压力。

2.第二步

高校体育俱乐部在发展过程中往往会面临诸多问题，尤其在资金不充裕、设备不完善的情况下，提高高校体育俱乐部的管理水平就显得尤为重要。不合理的管理可能造成高校体育俱乐部的运营处于无序状态，导致各项体育活动的开展受阻。因此，必须建立科学的体育俱乐部管理制度。

首先，要建立一个由体育主管、主要体育老师、俱乐部的管理人员和俱乐部的教练人员共同组成的领导小组，这样可以及时了解体育俱乐部的运营情况并做出判断，也能够弥补只依靠体育俱乐部成员管理的漏洞。其次，高校体育俱乐部既然是为学生服务的，那么可以在体育俱乐部内部设置专门的学生岗位，让学生参与到体育俱乐部的日常管理中来。同时，也可以从学生的角度出发对俱乐部的发展提出建议，这样既能锻炼学生的管理能力，又能了解学生的实际需求，可以保证高校体育俱乐部的健康发展。最后，高校体育俱乐部在运营过程中可以适当引进商业化的运作模式，可以把提供有形服务作为俱乐部管理的一部分，保证管理模式的与时俱进。

3.第三步

部分学校因为资金短缺和其他方面的问题，体育基础设施尚不够完善，现有体育场地难以满足所有学生的运动需求。在这种形势下，高校体育俱乐部要发挥自己作为俱乐部管理者的作用，要加强对现有体育基础设施的管理和调配。

高校体育俱乐部在日常运营和各项体育竞赛进行前，既要进行统筹安排，也要提高体育基础设备的利用率。可以在一个体育场地内进行区域划分，开展多种类型的体育活动，以解决高校体育场地不足的问题，还可以提前对学生要用到的体育运动场地进行安排，避免在实际体育项目的开展中出现冲突。此外，高校体育俱乐部要研究学校现有的体育设施和运动场地存在的问题，将其写成报告并呈交给学校管理人员，呼吁学校有关部门着手解决设施问题。俱乐部可以制定一份长远发展规划，让学校有计划地扩大体育基础设施建设。

在高校体育俱乐部教学模式下，学校更要关注学生的发展，更应注重发挥学生的主体性地位。高校体育俱乐部教学模式倡导学生自由选择体育教学项目，自由选择体育锻炼方式，并进行自主锻炼。

（二）加强高校体育俱乐部的内部系统管理

高校体育俱乐部在建立、健全俱乐部各种规章制度后，应加强内部管理。高校体育俱乐部在各种规章制度下施行相应的管理手段，使高校俱乐部处在有效的管理过程之中。高校俱乐部在规章制度规定的范围内开展各种文体活动，使高校俱乐部的管理形成良性循环的监督机制、约束机制、激励机制。

要加强高校体育俱乐部的内部系统管理，首先要制定体育俱乐部的管理目标。这一目标应由所有的管理者和会员共同参与制定、共同努力完成。俱乐部制定的管理目标要与高校学生会员的实际情况相符合，所以制定的管理目标应该具有适合性、具体性、可操作性和超前性。其次，应加强对俱乐部成员的管理。高校体育俱乐部应充分调动学生参加俱乐部活动的主动性和积极性，发挥学生的各种专长，特别是发挥具有体育特长的学生的骨干作用，这一措施有利于协助俱乐部的管理。最后，高校体育俱乐部应实行有效的激励和约束机制。对有贡献的体育俱乐部管理者应该给予奖励，从而提高体育俱乐部管理者的积极性。而对于不按照规章制度办事的学生应该给予批评教育，使高校体育俱乐部能按照既定目标良性运行。

（三）以体育设施为依托，积极拓展经费来源渠道

高校体育俱乐部教学模式的开展必须有完善的体育基础设施和充足的运作资金作为保证。因此，各高校在体育俱乐部建设过程中应利用有限资金建设学校最紧缺、最急需的体育设施，并对一些年久失修的体育场馆设施进行维修。应科学有效地进行管理，合理利用体育场馆，确保学校体育俱乐部教学的顺利开展。同时，学校应该加大在体育教育方面的拨款力度，以学校体育设施为依托，尝试吸收周边外来群众，让其定期、定点、定时地以俱乐部会员的身份来校进行体育锻炼，并收取一定的活动费用。高校还可以与校外企业建立合作关系，招商引资，积极举办一些赛事，通过各种途径解决体育俱乐部教学经费短缺的问题。

（四）制度保证

高校体育俱乐部应树立"健康第一"的管理目标，严格遵循"以学生为本"的管理原则，认真贯彻"促进学生身心健康"的俱乐部管理宗旨。为此，高校应制定各种有效的体育俱乐部管理规章制度，但需正确处理俱乐部管理规章制度与学校规章制度的关系。高校要处理好体育俱乐部的健康发展与加强监督管理的关系，从而促进体育俱乐部的良性、高速发展。

第三节 高校体育俱乐部教学模式的构建策略

一、健全管理体系，加强与社会组织的交流

高校要健全体育俱乐部的管理机构，完善机构设置。要明确各部门的岗位职责，制定各项管理制度及中长期发展规划，新时期高校不同领域与社会相关领域之间的交流与合作日益频繁，但是高校体育与社会体育之间的交流却越来越少。高校体育与社会体育在运作过程中基本处于孤立的状态，这种局面不仅不利于二者的发展，而且对我国整个体育事业的发展也有一定的阻碍作用。如今，高校体育社会化已是社会体育和高校体育发展的必然趋势，所以，高校体育俱乐部作为高校体育教学中的重要组织，更要充分发挥自身作用，真正将高校体育与社会体育结合在一起，努力做到资源共享，促进二者的协调发展。应加强高校体育俱乐部与社会体育组织的交流与合作，二者都有各自的资源需求，社会组织走入高校，高校体育俱乐部进入社会，有利于两者的体育场地、人力、资金等资源得到合理的配置和高效率利用。高校体育俱乐部与社会组织共同参加体育活动，可以相互促进，也可以根据各自的实际需求实现原有模式上的创新，做到与时俱进、共同发展。

二、努力与现代高校教育的发展趋势相适应

（一）以学生的发展为中心，重视学生的主体地位

如果学校和体育教师在教学方法上处理不当，将直接导致学生失去对体育运动的兴趣，学生学习体育的积极性和主动性无从谈起。因此，体育课程从设计到评价，各个环节都应始终将学生的主动、全面发展放在中心地位。在教学活动中，要注意发挥教师的主导作用，同时，需要着重强调学生的主体地位，充分发挥学生的学习积极性和潜能，提高学生的体育学习能力。

（二）积极利用和开发课程资源

我国高校体育课程资源主要包括项目内容的拓展、自然资源的开发、师资队伍的培养、场地器材的创新等。积极开发并利用课程资源是学校体育教育得以顺利实施的重要保障，有利于充分发挥课程资源的教育潜力，体现课程的弹性和地方特色。

（三）加强体育课程的个性化和多样化

我国高校体育课程长期受到标准化、规范化课程体系的影响和制约，过分要求所有学生达到同等标准，从而导致过高的统一要求，忽视了学生的个体差异。现代体育俱乐部教学模式比较注重体育课程的个性化和多样化，强调尊重学生发展的多样性，给予学生自主选择权，学生可根据自身的能力和爱好，灵活地选择所学内容和发展方向。

高校体育课必须具有鲜明的时代性与社会性，务必要拓宽体育教育的空间和视野。高校应当拓展现代教育信息交流的渠道，打破限制，全方位、多角度地进行体育教育信息交流，促进学生知识与能力的扩展和深化，以学生为中心，最终实现多样化的体育课教学课程。

（四）课程与现代化信息技术相结合

现代高校教育应综合运用多媒体技术与信息技术。从社会发展的必然趋势看，现代教育技术的发展总趋势就是信息化。高校和体育教师应重视把现代多媒体技术与信息技术引入体育教学领域，赋予体育课程教学以新的内涵和时代特征。体育教师要着重培养

学生的学习兴趣、学习能力和创造精神，为此，体育教师需要充分利用现代教育技术与手段，建立开放式的体育教育网络，要让学生全方位领略最新的科技成果和现代化手段给体育教学带来的形象性、直观性、趣味性和欣赏性，促进高校校园体育文化的发展。

三、与现代高校体育的发展趋势相适应

（一）与社会群众体育相协调

学校应将学校体育同社会体育有机衔接起来，积极投身到社会体育的热潮之中。高校在培养学生的过程中，应努力使学生同社会需要接轨。针对当前全民健身运动蓬勃发展的大好形势，学校应为学生提供机会，保证学生参与社会体育活动。同时，帮助具有一定基础的高校学生参与社会体育工作实践活动和竞赛，这样既能激发学生对体育健身的积极性，又能取得一定的经济效益。

（二）适应社会发展的需要

现代高校体育课程教学不仅要实现跨越式发展，而且要实现协调发展，因为协调发展是体育事业发展壮大的重要条件。没有发展，高校体育就会失去前进的动力；不进行体育教学改革，协调发展就是一句空话。应在改革中实现高校体育内部结构的协调配合，以及体育与外部经济、社会的协调运转。随着我国社会经济文化的迅速发展，我国民众对于体育的需求和对高校体育的要求也发生了变化。体育的终身化、休闲化、生活化、娱乐化和产业化，都要求学校体育进行必要的改革，适应社会发展的需要。

（三）符合"健康第一"的教育思想

"健康第一"是基于对学校体育本质功能的深刻认识。在具体操作层面上，它是学校体育对素质教育内涵的重要的体现。当高校学生的学业、社会生活或工作与他们的健康发生冲突时，就需要服从"健康第一"的要求；当学校体育教学部门内部各种关系发生矛盾时，也要以健康为第一。

四、完善师资结构

长期以来，我国体育专业人才教育以竞技体育项目为主，体育师资队伍不能完全满足高校体育俱乐部发展的现实需要。为此，高校和体育教师需要采取以下措施予以解决：

第一，积极引进体育专业人才。在选聘教师时，应优先考虑具备紧缺专长的候选教师，充实、改善教师的年龄、知识、专业和职称结构，以适应我国高等教育和体育教学的发展需要。

第二，对现有体育教师进行在职培训。具体而言，学校可以通过进修学习和培训提高教师业务水平，解决专长教师紧缺的问题。

第三，鼓励体育教师考取更高学位，并给予一定奖励。

五、注意内容设置的合理性

高校体育俱乐部的教学内容首先要与学校的体育课程保持一致。俱乐部可以根据单项的体育运动进行设置，比如足球俱乐部、篮球俱乐部等，还可以实现俱乐部分级，以区分不同身体素质和运动能力的学生。在设置教学课程内容的时候，需要保证学生能学习到其他的体育知识。在设置一定的课程之后，还应对学生的成绩进行考核，以达到素质教育的目的。但是，教师不能片面地根据分数对学生进行考核，还应该综合学生的各方面表现，从运动积极性、领悟能力、进步速度等方面进行综合考量，既能让学生体会到体育带来的激情与快乐，又能监督学生进行持久的锻炼。

六、学校及体育教师要转变体育教学观念

第一，高校要转变教学观念与思想，尽可能地完善体育教学制度。合理购置体育器材，培养学生主动积极参加体育锻炼的观念。总之，要最大限度地为学生进行体育锻炼创造良好的环境。现代高校体育教学更加注重体育自由和体育精神，因此，想让俱乐部模式在高校中得到普及，就必须要领会现代体育精神，接受更为先进的体育教学理念，

将俱乐部的优势充分发挥出来。学校在引进俱乐部教学模式时，要始终坚持多样性和自主性的原则，发展课堂教学与课外教学相互协调的关系。只有坚持正确的体育教学方针，才能保证高校体育教学的有效性。

第二，高校的体育教学部门要对俱乐部进行科学的管理和监督，在实际操作的过程中，要根据学生的具体情况对俱乐部进行合理的规划和调整。同时，还应做好体育教师的奖惩、任免工作，增加同校外体育组织的学术交流活动。

总之，高校体育教师要详细了解体育俱乐部的实际情况，对体育俱乐部进行有效管理，避免出现其他问题导致正常体育教学工作无法展开。

第四节 高校体育俱乐部教学模式的创新

一、高校体育俱乐部课内外一体化教学模式

（一）高校体育俱乐部课内外一体化教学模式的作用

1.有利于高校体育俱乐部教学课程的改革

高校选择的体育课程应具有实用性并便于教学，还应尽可能地开设时尚体育项目，有利于学生毕业后进行自我锻炼。在教学目标的定位上，应明确运动参与目标、运动技能目标、身体健康目标、心理健康目标及社会适应目标等五个方面的目标体系。

在教学内容的选择上，可以在重视传统体育项目的同时，适当选择新兴、热门的体育运动项目。同时，还需注重学生自主学习、自我监测和自我锻炼等方面的能力，着重培养学生的终身体育意识和体育运动习惯。针对体育基础好、运动能力较强、求知欲较强的学生，可以开设课外体育课和运动训练课，开展校内外体育文化交流，培养学生对体育运动的兴趣，提高学生的自主学习能力，促进学生的专项技能得到质的提高，满足学生个性化的体育运动需求。对于高年级学生，可以开设健身类、健康类和休闲类体育运动课程，使学生认识到增强自身体质的长期效应，帮助学生找到正确的体育生活方式，

养成健康的体育行为习惯，保证体育教学长期不间断。

2.可以激发学生参加体育健身的兴趣

高校体育俱乐部制教学改革的重要环节就是打破传统的"三段式"体育教学模式，使体育教学模式更加灵活。根据学生体育锻炼的兴趣爱好和实际需要，结合本校的体育基础设施及体育教师的教学水平等主客观条件，停止向学生讲授一些枯燥乏味且选课学生较少的课程，增设符合高校学生实际需求的体育运动项目，如足球、跆拳道、街舞、钢管舞、篮球等。学生可以根据自身的实际情况和喜好选择相应的体育课程进行学习，有利于学生从内心深处自发地对体育课、体育锻炼产生浓厚的兴趣，而不是被动接受老师的灌输。学生有了浓厚的学习兴趣，体育课堂的气氛才会变得更加轻松、愉快与和谐。学校各体育俱乐部每学期还应定期举行各种形式的课内外比赛活动，以期达到既丰富学生的业余文化生活，又提高学生体育锻炼兴趣的目的。

3.有利于教师对课外体育活动的合理指导

体育俱乐部课内外一体化教学模式的积极作用主要在于其能够将体育课堂内的体育知识延伸至课外，实现高校体育教学影响范围的最大化。教师通过这种模式可以间接地影响体育课外活动，甚至可以直接指导学生进行体育课外活动。体育教师参与课外体育活动指导的频率反映了学校对课外体育活动的关注度和支持度。教师参与学生课外体育活动的主要形式，有体育俱乐部、体育社团、体育训练队等。高校体育教学俱乐部中的很多学生都认为教师参与活动的时间充足，能给予学生全方位、科学的辅导。体育教学俱乐部中的学生普遍认可教师的课外活动指导，从而提升了学生对于课外体育活动的兴趣。此外，由于体育教师总是及时地到场，对学生的相关问题进行合理解决，这也可以激发学生参与课外体育活动的兴趣。

4.充分贯彻终身体育的教育思想

在高校体育教学过程中，引入课内外一体化体育俱乐部教学模式符合终身体育的要求，有利于现代高校体育的持续、协调发展。课内外一体化体育俱乐部教学模式通过教师集中指导、学生分散练习的方式实现，其作为高校体育课堂教学的外延和补充，能够极大提高学生的积极性和主动性，调动学生参与体育学习和课外体育运动的兴趣。在具体教学内容选择上，课内外一体化体育俱乐部教学模式也能体现学生的需求和兴趣，调动学生的运动热情。体育运动健身不可能"毕其功于一役"，需要在长期的生活、学习过程中持久坚持，课内外一体化体育俱乐部教学模式以学生为中心，实现学习内容和训练任务与体育课堂教学的融合，极大地推动了学生在掌握体育知识、运动技能的过程中，逐渐养成终身体育的意识，并培养起终身坚持体育健身的习惯。

（二）高校体育俱乐部课内外一体化教学模式的构建路径

1.体育教学指导思想

高校体育教学指导思想是指对体育教学的意义、内容以及方法的认识和理解，其对体育教学起统领、引导的作用。体育俱乐部课内外一体化教学模式的指导思想在于注重学生个体的差异，注重培养学生的体育兴趣与爱好，促使学生养成体育锻炼的习惯，增强学生体质，以及提高学生的体育技能。

2.体育教学目标

高校体育教学目标是指在一定时间和空间内，体育教师和学生经过努力后所要达到的教学结果的层次、规格或状态。体育教学目标是高校体育教学的出发点和最终归宿，并决定着体育教学的发展变革方向。体育教学目标制定得合理清晰，将对整个高校体育教学过程产生直接、深远的影响，也对整个体育教学的发展方向起着指引性的作用。高校体育俱乐部课内外一体化教学模式主要包括课内和课外两大部分，但这两部分的总体教学目标是统一的，主要有如下三条：

第一，帮助学生形成正确的体育价值观，树立终身体育观念，养成长期的体育锻炼习惯。

第二，帮助学生掌握一定的体育专项理论知识和运动技能，增强学生的身体素质。

第三，帮助发展学生的个性，提高学生的创新能力和体育实践能力，全面提高学生的整体素质。

3.体育教学的组织与管理

科学合理的管理机制是体育俱乐部课内外一体化教学模式规范运作的重要保障。学校各部门应加强分工协作，以保证体育俱乐部课内外一体化教学模式的顺利、规范实施。学校教务处负责组建多个单项体育俱乐部，各单项俱乐部协会负责俱乐部的日常管理；学生处则主要负责课外体育俱乐部的监管、教学管理、技术指导及体育基础设施的管理等工作。

4.体育教学内容

在体育教师师资队伍、体育基础设施及周边环境条件允许的情况下，学校可以建立多个单项体育俱乐部，为学生提供较大的选择空间。教学内容的设置还要考虑课内外相互衔接的问题，使课内体育俱乐部外实现高度一体化。为防止出现部分锻炼价值较高，但较枯燥的体育运动项目（如田径）没有学生选择的情况，学校可以把体育运动项目分成两大类，如必修类和任意选修类等，学生必须选择一项或一项以上必修类的运动项目（如中长跑）进行体育锻炼。同时，教师可以采用多种方式向学生讲授运动损伤防护、营养、健康生活方式等方面的理论知识。

5.体育教学方法

体育俱乐部的指导教师要根据学生的现实身体条件，确立科学合理的体育教学方法。在教学过程中要充分体现与发挥学生的主体作用，倡导师生之间和学生之间的团结互助，努力提高学生参与教学活动的积极性，最大限度地发挥学生的创造性，以便于培养学生终身体育意识，养成长期进行体育锻炼的习惯。

6.体育教学评价

教学评价体系在高校体育教学中的作用十分突出，其对实现体育教学目标具有重要意义。评价学生的体育学习效果，需要从学习效果和学习过程两个方面分别进行，主要的评价方式包括学生自评、学生间互评、教师点评等。体育教师要将学生的进步和潜能纳入教学评价体系之中，还需注重建立完善的课内外一体化体育教学评价体系。此外，学校及体育教师要全面落实相关的政策规定，要对学生的体育能力进行全面评价，并将学生的学习过程与最终效果评价紧密衔接起来。只有这样，才能既考评学生的实际体育技能，又考评学生身体锻炼的实际效果，对促进学生的全面发展具有良好效果。

二、高校体育俱乐部"三位一体"教学模式

（一）高校体育俱乐部"三位一体"教学模式概述

高校体育俱乐部"三位一体"教学模式，是指从体育素质培养、体育知识学习和体育文化传承三方面开展教学工作。高校体育俱乐部"三位一体"教学模式把当前先进的教学理念引入体育课程中，坚持"健康第一"的教学指导思想，培养学生拥有健康的意识与体魄，促进学生健康成长。 高校体育俱乐部"三位一体"教学模式强调学生的主体地位，帮助学生学会学习、激发学生的运动兴趣、注重培养学生的运动爱好和体育

专长，为终身体育奠定基础。

高校体育俱乐部"三位一体"教学模式强调体育课程教学的具体目标，主要指教学目标，包括技能目标、知识目标、情感目标等。此外，高校体育俱乐部"三位一体"教学模式把体育课程分为三个部分，各部分之间紧密相连，相互促进，最终目的是实现体育课程教学的总体目标，它们是一个良性循环的课程体系。

高校体育俱乐部"三位一体"教学模式强调改革现有体育教学内容、教学方法及考核手段，要求教学内容丰富多彩。学生可以从自己的学习兴趣出发，自主选择体育学习内容，从而满足自身的体育锻炼需求。高校体育俱乐部"三位一体"教学模式能够充分体现学生的主体性，并且有利于学生长期保持对体育锻炼的兴趣。

（二）高校体育俱乐部"三位一体"教学模式的构建

1.构建高校体育俱乐部"三位一体"教学模式的必要性

（1）是体育教学人本关怀的体现

当今世界科学技术迅猛发展，全球知识经济一体化的趋势日趋明显，综合国力竞争日趋激烈。高校是人才培养的主阵地，其发展好坏直接关系到国家的未来发展。

（2）是适应时代发展的必要措施

由于科学技术和全球经济一体化的快速发展，当今社会人们的生活节奏越来越快，生存竞争日渐激烈。高校体育俱乐部"三位一体"教学模式能够培养学生良好的心理素质、坚强的意志、顽强的拼搏精神和紧迫的竞争意识，有利于学生的个人职业发展。

2.构建高校体育俱乐部"三位一体"教学模式的策略

（1）理念先行

理念决定行动，理念塑造品质。就体育教学模式而言，理念主要是体育教师对自身的使命、责任和荣誉的认识和理解，是立足长远的宏观规划和思想指南。在体育教学理念上，体育教师需要真正尊重学生思想存在和发展的客观规律，必须从学生的心理、身体特点和发展规律出发，强化健康体育意识，提高体育教学工作的实效性和说服力，增强体育教学工作的有效性。

（2）实践检验

体育教学是一门实践性很强的课程，是广大学生养成良好的体育锻炼习惯和具备相应的体育锻炼能力的重要手段。在体育教学过程中，体育教师需要增加必要的实践环节，如观看体育比赛、参加体育运动赛事等，增强体育教学工作的针对性和效果。

（3）体育课堂教学

体育课堂教学是向学生传授体育运动知识的重要途径，同时也是体育教师向学生传授运动知识和技能的全过程。它主要包括体育教师讲解、学生问答、体育教学活动，以及体育教学过程中使用的所有体育器材。在具体实施办法上，体育教师把学生编成固定人数的运动团体，按照各类体育运动项目教学大纲规定的内容组织教学内容、选择适当的教学方法，并根据教学时间的安排，向学生传授体育运动技能。

在具体的教学过程中，教师应努力创设以学生为中心的体育课堂环境，营造尊重学生观点，鼓励学生提问、概括、假设和陈述的体育课堂教学氛围，积极鼓励学生的参与行为。此外，体育教师要努力实现体育教学从观念到行为的转变，改变以往单纯传授体育运动技能的做法，对学生对待体育运动的兴趣、态度和价值观给予足够的关注度，提高体育课堂教学效率。

总之，高校体育俱乐部"三位一体"教学模式的出发点是促进全体学生全面、协调、持续地发展，而终身体育观念是学生长期坚持体育锻炼的前提和基础。成功的体育教学，应该是唤起学生参加体育运动的欲望。只有那些唤起学生运动兴趣、运动激情的体育教学才能激发学生参与体育课堂的积极性。体育教师要适当放开手脚，以"合作者"的身份参与到学生的体育课堂学习之中。具体而言，体育教师要善于创设各种机会，帮助学生去发现、探索体育运动的奥秘；用心去营造一种体育学习与运动氛围，培养学生长期坚持体育锻炼的意志力，从而让学生以活跃、旺盛和高昂的精神状态去积极参与体育运动。使学生在体育教学活动中培养自主学习、自主发展的能力，让体育教学不再局限于传统的体育教学形式，而是充满现实的、有意义的、富有挑战性的。体育教学给学生带来的不是体育技能的灌输，而是自主进行体育锻炼的愉悦体验，这也是提高体育教学效果的重要措施。

（4）评价标准

高校体育俱乐部"三位一体"教学模式在构建完成并得到切实落实后，还需要有相应的专用评价体系进行考核，以便能够及时、有效地评估这种全新的体育教学模式是否切实可行，是否满足了高校体育的教学实际需要。高校体育俱乐部"三位一体"教学模式的教学评价重点在于评估运用此方法后，学生的体能素质、理论理解、心理状态等方面是否达到了预期的标准及要求。也就是说，高校体育俱乐部"三位一体"教学模式相对应的教学评价体系，应当围绕学生的体育教学和身心培育这两大方面进行有效评价，而不应以体能测验作为唯一的评估指标。学校及体育教师在评价学生的体育学习效果时，不仅需要关注学生的体能是否有所提高，而且还要关注学生的体育运动态度和体育运动行为是否有所改进。此外，该评估体系还应满足科学合理、操作高效、准确客观等相关的具体要求，既要关注最终结果，又要兼顾学生的学习过程。

第七章 高校体育信息化教学模式

第一节 体育信息化教学概述

一、体育信息化教学的意义

体育信息化教学中对计算机网络技术的应用非常普遍，这给体育教学活动的顺利实施带来了极大的便利，大大提高了体育课堂教学的效率。在体育课堂教学中使用现代教育技术是体育教学改革与素质教育改革的要求，体育教师掌握现代信息技术，将相关信息技术与数据有的放矢地运用于体育信息化教学中，将有利于显著提高体育课堂教学的效果。因此，在体育课堂教学中高效运用信息化教学手段非常重要。

在体育教学中采用信息化教学方式，能够将信息技术的优势与作用充分发挥出来，使教学内容显得更加立体与形象，便于学生理解与掌握。例如，体育教师在讲解某个项目的技术动作时，可采用信息手段处理该技术动作，如慢动作播放，对动作进行分解，制作关于重点动作的视频课件等。这样的处理方式能够使体育课堂教学显得更加灵活和丰富，能够成功激发学生的兴趣，吸引学生关注教学内容，使学生准确把握完整的动作要领、动作细节。这种方式既能达到课堂教学目标，还能培养学生的体育兴趣，使学生感受到体育课堂教学的良好氛围和信息化教学方式的重要性。

信息技术不仅可以用到体育课堂教学中，还可以用于课下，为体育教师与学生的课下交流与互动提供便利，帮助体育教师更好地了解学生的学习情况，引导学生解决学习上的问题，提高学生的学习效率，建立良好的师生关系。相比于传统体育教学方式，信息化教学进一步丰富了课堂教学内容，改善了学生的课前预习情况，结合多种翻转课堂教学形式，使学生打破了时空限制，随时随地学习。由此可见，应用信息技术可以取得非常显著的教学效果。

体育信息化教学模式的运用不仅体现了教学方式的变革与创新，还体现了学生学习方式的创新，学生可以在体育信息化教学中学习一些信息技术，掌握现代化的学习手段，提高自己的信息素养。例如，学生掌握体育知识与技能后，基于自己的理解，使用计算机网络技术制作学习课件。这样不仅能便于学生巩固知识，深入掌握技术，而且学生在制作学习课件的过程中还能开阔思维，锻炼实践能力和创造能力，熟练学习软件，获得更多的学习灵感，为学习新的体育知识与技能奠定良好的基础。

二、体育信息化教学的理论

（一）体育信息化教学的概念与要素

体育信息化教学，是指在现代教学理念的指导下，体育教师充分利用现代信息技术，包括网络技术、计算机及多媒体技术、卫星通信技术等，整合与运用丰富的教学媒体和信息资源，构建良好的体育教学环境，引导学生积极发挥自身的主观能动性，使学生自觉成为知识和信息的建构者，从而不断提高体育教学质量的过程。

传统体育教学系统由"三要素"（教师、学生、教学内容）构成。体育信息化教学系统在"三要素"的基础上增加了"媒体"，构成了由"四要素"组成的教学系统。四个要素之间相互促进、相互作用，缺一不可。

（二）体育信息化教学模式

体育信息化教学模式主要有协作型信息化教学模式、基于电子学档的信息化教学模式等，下面以协作型信息化教学模式为例进行分析。

协作型信息化教学模式的主要形式是协作学习，也被称为合作学习。协作学习是指学习者在一定的激励机制下，以小组的形式，通过学习者个人和小组协同互助的方式，为完成共同任务而开展的学习活动。协作学习的主体是小组，协作学习有"三强调"，即强调小组成员协同互助、强调目标导向功能、强调以总体成绩作为激励。

通常来说，学习者协作学习过程主要分为分组、学习、评价三个阶段。在此基础上，结合计算机支持协作学习的特征，从学习者的角度出发，提出一个计算机支持的协作学习系统过程模型。可以将这一学习系统分为四个阶段，分别是学习者特征分析、分组、学习过程和总结评价。

三、体育信息化教学的问题与改革

（一）体育信息化教学的问题

当前，我国体育信息化教学存在一些问题，这些问题对信息化教学工作的顺利开展造成了严重的制约。主要的内部环境问题与外部环境问题如下：

1.内部环境问题

（1）部分体育教师的认知程度低

当前，我国部分体育教师对信息化教学的认知程度还不够高，这对信息技术在体育课堂教学中的实施造成了根本上的制约。在一些体育教师看来，体育教学与信息技术的叠加就构成了体育信息化教学，这是错误的看法，将二者简单地叠加起来并不是真正的信息化教学。信息化教学要求将体育教学与信息技术科学结合并深度融合起来，如此才能真正发挥信息技术在体育教学中的作用，才能促进体育课堂教学效果的有效提升。

（2）个别体育教师的信息化教学经验不足

一些体育教师信息素养不高，缺乏基本的信息化专业知识，信息化教学软件的实践操作能力也较差，更没有丰富的信息化教学经验，这些都直接制约了体育信息化教学工作的开展。在对体育教师进行信息化教学技能的培养中，年龄较大的教师掌握先进教学技术的速度较慢，需要较长时间才能熟练操作信息化教学软件，因此影响了体育信息化教学进度和教学质量。

（3）信息化技术的应用缺乏合理性

在体育信息化教学中，如果不能合理使用信息技术，就会出现信息化教学目标偏差的问题。有些信息化教学手段看似新潮，但实用性差，有的教师为了吸引学生，过多使用这类教学手段，最终导致学生对学习目标的认识出现扭曲。有的教师在使用信息化技术上过于保守，倾向于传统的教学方法，这既不利于激发学生的学习兴趣，也不利于培养学生的自主学习能力。

2.外部环境问题

（1）信息化教学硬件与软件资源缺乏

信息化教学硬件设施不完善、软件资源少及信息化教学氛围不佳是制约高校体育信息化教学的主要外部环境因素。因为很多学校管理者不重视体育信息化教学，甚至不重视体育教学，为体育课程提供的多媒体技术及信息化设备较少，信息化教学的硬件资源严重缺乏，所以体育教师无法顺利开展信息化教学工作。因此，教师在体育课堂上还是以传统的教学方法及教学手段为主，限制了学生对新信息技术和教学内容的掌握，影响了体育教学质量的提高。学校体育教学以实践课为主，主要教学场所是体育场，体育考核一般都在体育场上进行，但如果不能依托信息化硬件资源而构建与完善体育考核体系，那么考核成绩的说服力较弱，难以使学生信服。

除了信息化硬件资源短缺的问题，教学软件不足也对体育信息化教学造成了严重影响。在体育信息化教学中，教师与学生之间沟通与交流主要依托的是互联网，软件资源不足会直接影响师生沟通。如果不能及时解决教学硬件与软件的问题，体育信息化教学活动的开展将举步维艰。

（2）体育教学资源库少

现有的体育教学资源库较少，一些学校正在规划创建体育教学资源库，但是短期内很难有显著成果。在网络上搜索适合体育信息化教学的多媒体资源库难度较高，一些规模较大的资源库需要付费才能获得资源，这不便于在体育信息化课堂教学中随时查找资料，也不便于学生在课后查找学习资料。

（3）学校对体育教师的信息化教学能力培养不足

学校需要特别重视对体育教师信息化教学能力的培养，否则信息化教学资源再完善，体育教师也不会正确运用这些资源。目前，对体育教师的信息化教学能力培养不足是很多学校普遍存在的问题，这也是制约学校体育信息化教学工作开展的主要瓶颈。学校必须充分认识到提高体育教师信息化教学能力的重要性，加强专业培训，使体育教师有能力将信息技术与体育课堂教学真正结合起来。

（二）体育信息化教学的改革

1.科学开发体育信息化教学资源

（1）拓宽研究领域

对很多学校来说，体育信息化教学是一种新的教学模式，开发体育信息化教学资源是一个新的尝试。通过这一尝试能够使体育教育工作者更好地理解信息化教学资源，通过深入开发体育信息化教学内容资源，促进体育教学内容的丰富和校园体育文化的延伸，最终给体育信息化改革及体育文化的发展带来积极影响。

（2）加强体育学科与其他学科的融合

目前，体育学科具有一定的封闭性，这对该学科的发展非常不利。在互联网背景下开发体育信息化教学资源，需要突破体育学科的封闭性，打破局限，在开发过程中融入其他学科的信息化教学资源，丰富体育信息化教学资源，完善资源体系，提高体育教学的信息化水平。多学科信息化资源的相互融合与渗透将对学生的全面发展产生重要影响，这也是素质教育的要求。

（3）加强学校体育与社会体育的联系

学校体育教学具有自身的局限性，在体育信息化教学资源的开发中，要勇于突破限制，适当加工整理社会体育中有价值的信息化资源，将其整合到学校体育信息化教学系统中，丰富学校体育信息化教学资源。这对提高学生的社会体育认知能力、引导学生树立开放性学习理念、提高学生的综合性体育素养具有重要意义。

2.优化体育信息化教学策略

在互联网时代，计算机网络无处不在，信息技术在高校各科教学中的应用越来越普遍，体育学科的教学中同样也在越来越多地使用信息技术与多媒体教学手段。在学校体育教学中采用信息化辅助教学手段能够增加教学的灵活性与趣味性，便于师生展现自己的个性。为了充分发挥信息技术在体育教学中的作用，要注重对体育信息化教学策略的优化与完善。

（1）正确理解信息化教学内涵

体育教师要对体育信息化教学的内涵有正确且深入的理解，在此基础上善于运用信息化教学的硬件与软件资源调动学生的兴趣，活跃课堂氛围，使体育信息化课堂教学更丰富、生动、有趣，使学生在愉快的课堂氛围中掌握体育教学内容，使学生的主体性和创造性得到充分发挥。在体育信息化课堂教学中，教师要引导学生正确使用计算机技术为自己"量身打造"学习课件，激发学生的学习积极性，调动学生的学习热情，使学生既熟悉了计算机的基本操作方法，也掌握了体育知识。

（2）加强师生沟通与互动

要提高体育信息化教学效率，就要注重师生之间的良好互动与交流，这是非常有效的策略之一。在信息化课堂教学中，体育教师要在课前完成教学计划与流程的设计工作，明确教学思路，让学生跟着教师的节奏有序学习。在整个课堂教学中，师生的交流是必不可少的。体育教师在信息化教学中要注意教学用语的简洁性与准确性，要善于以简短的语言准确总结教学内容，以免学生不能准确把握学习重点。体育教师还要结合学生的实际生活来精选问题，创设问题情境，拓展学生的思维。

3.改善体育信息化教学环境

在互联网背景下，优化与改善体育信息化教学环境，要重视以下几方面的工作：

第一，对体育教学与信息化教学的新发展予以密切关注，从而准确地把握体育信息化教学的改革动向。高校要注重培养体育教师的信息技术素养，加强培训。不断强调信息化教学的理念，宣传信息化教学知识，使体育教师对信息化教学技术有很好的掌握与理解。

第二，学校从本校办学条件出发，对信息化教学平台进行构建，从资金上提供基础保障，使信息化教学设备条件能够满足体育信息化教学需要。

第三，体育教师自觉树立信息化教学理念，及时转换教学思想，更新教学观念，主动对基础教学环境予以改善，和学生共同努力营造愉快、和谐的体育信息化课堂教学氛围，使信息化课堂教学能够取得理想的教学效果。

4.关注多媒体教学及微课教学

微课是指运用信息技术，按照认知规律，呈现碎片化学习内容、过程及扩展素材的结构化数字资源。在信息化教学的发展过程中，微课教学逐渐受到重视。微课教学主要是结合教学标准与教学实践，将视频作为主要的教学载体，围绕知识点进行教学与互动。在体育信息化教学中运用多媒体教学及微课教学，能够促进学生全面掌握体育技能与方法。微课教学能够提高学生学习的积极性，教师通过多种教学手段展示教学内容，将教学中的重点、难点更加直观地展现在学生面前，满足学生的求知欲。另外，生动的教学情境可以提高学生的学习兴趣，提高学习质量。例如，在篮球教学中会涉及传切、空切等战术问题，许多同学在初步学习时都比较紧张，如果教师单纯进行讲解，既费时间，又不能获得良好的效果。如果采用微课教学方式，可以制作微课教学课件，随意切换游戏中的规则，通过模拟软件向学生演示，吸引学生模仿、练习，在实践中熟练掌握战术。

5.科学构建体育信息化教学管理体系

构建与完善信息化教学管理系统，能够提高对学生学习的管理效率，全面实现数据资源的高效利用与维护，提高学生学习资料的公开化与共享性，对教师的教学也有一定的借鉴意义，提高体育课堂教学效率。

第二节 高校体育多媒体网络教学模式

一、高校体育多媒体网络教学的构成要素

体育教学本身与其他学科教学不同，主要体现在体育实践教学是以师生思维活动为基础，以身体活动为主要手段传授知识、技术、技能的。高校可以根据这一特点，借助多媒体计算机网络具备的强大的多媒体教学信息资源优势，使体育教学活动由传统的教学模式向多媒体教学模式不断发展，逐步建成一个功能完善的多媒体网络教学平台。

（一）体育教学目标

任何教学活动都离不开教学目标，在网络上实施教学活动必须追求预期的教学目标，它是多媒体网络教学模式运行的"风向标"。根据现阶段我国的教育方针和学校体育的总目标，体育教学目标是向学生传授体育、卫生保健知识和体育技术、技能，增进学生健康，增强学生体质，培养学生运动能力和良好的思想品德。

（二）网络技术基础环境

网络技术基础环境是实施多媒体网络教学所必须具备的前提和必要条件，因特网、广域网、局域网，以及各种硬件设备的性能、信息传输的条件等都制约着多媒体体育教学模式的展开。与传统体育教学模式相比，良好的技术环境可以使体育教学活动得到全方位的开展，体现了网络教学所独有的特点。

（三）"人"与"机"之间的关系

"人"与"机"之间的关系是多媒体体育教学模式的重要构成因素，"人"即教育者和学习者，"机"指多媒体设备、网络设备等技术环境，人机角色关系包括师生关系、

师生与计算机网络之间的关系等。在体育教学过程中，"教师—计算机—学生"形成了一个特殊的教学关系，在这样的教学环境中，师生以计算机网络为媒介，形成了新的教学模式和师生关系。与传统的教学模式，即师生面对面授课与学习不同的是，教师把自己要讲授的知识通过网络传递给学生，而学生则通过网络学习教师发布在网上的知识。同时，由于不同地区、不同学校、不同体育教师对同一知识有各自的理解和感受，他们会将各自的理解和感受发布在网上，因此学生在学习时可有多种选择，有利于学生对知识的理解和掌握。

二、高校体育多媒体网络教学平台模块的应用

高校体育多媒体网络教学平台是基于互联网络开发的一种用于高校体育教学的系统集合，它既是高校在校学生自主化、个性化学习与交流体育知识的平台，也是日常高校体育教学有效辅助功能的载体。

根据高校体育特点设计的高校体育多媒体网络教学平台，在推广过程中应当至少具备以下模块：

（一）体育信息资源模块

该模块的主要作用是整合互联网中最新的体育信息资源。检索互联网中各大体育资讯网站的最新体育资讯及信息资源，并发布于该模块内，供学生与教师获取。高校学生及教师可以通过该模块了解最新的体育资讯，同时可以在线观看各种大型体育赛事的视频；学校也可利用此模块发布有关学校的最新体育资讯。

（二）体育教学模块

体育教学模块是高校体育多媒体网络教学平台的核心，该模块所承担的主要职能是高校体育教学过程的展示与辅助。该模块包含课程简介、电子教材、授课教案、多媒体网络课件、直播教学、授课录像（精品课程展示）、课程资源收集等子模块。教师编辑授课的信息资源后，将其上传至体育教学模块，学生通过此模块了解体育课程，进行自主学习。多媒体网络课件可以直观地展示难度较高的技术动作，以便学生更好地理解与掌握动作要领；授课录像有利于学生课后的复习与加强记忆。

（三）即时通信模块

即时通信模块是实现教学信息即时沟通的主要系统，教师可以及时为学生答疑解惑与在线指导。同时，即时通信模块也是专家与体育爱好者进行交流的主要平台。

三、多媒体网络教学平台在体育教学中的优势

（一）有利于教学内容的直观化展示

在传统的高校体育教学过程中，体育教师主要通过动作分析讲解和亲身示范传授技术动作。但在这一过程中，许多具有难度的技术动作几乎是在一瞬间完成的，教师在此方面的教学会受到传统教学方式的制约，学生无法顺利地领悟该技术动作的要领。多媒体网络教学技术在体育教学中的应用能够很好地解决这一问题，利用多媒体技术进行影像的定格与慢放，可以直观地呈现所要讲述的技术动作，学生可以快速理解与掌握。在体育理论教学中，同样可以利用多媒体网络教学技术将一些文字化的内容展示出来，这样不仅使空洞的文字教学有了新的生命，也提高了学生的学习兴趣。教师利用摄影、摄像器材记录学生上课的技术动作，然后上传到计算机设备上，运用多媒体技术制作成可以分解与慢放的影像，在学习过程中播放，指导学生进行自我评价与集体评价，起到良好的教学反馈作用。

（二）有利于教师与学生间的双向交流

多媒体网络教学平台拥有强大的信息资源共享功能，教师与学生间及时沟通，有利于体育教学的顺利进行。传统高校体育教学中，由于以班级为单位授课，学生人数较多，师生间交流受到一定程度的制约，通过多媒体网络教学平台，学生可以实现与教师的在线交流互动。多媒体网络教学技术可以让学生与教师实现远程的"面对面"交流，更好地增进教学双方的互动，提高教学水平与教学效率。

（三）有利于为学生提供个性化学习空间

传统高校体育教学模式由于受到学生数量和教学时间的限制，高校体育教师很难对学生进行有针对性的个性化教学与指导，从而导致学生的自主化与个性化学习难以实

现。通过在体育教学中应用多媒体网络教学，学生可以利用教学资源信息库进行自主化学习与个性化学习，突破了传统高校体育教学对时间与空间的限制，真正做到以学生为主体的个性化教学。

（四）有利于实现高校体育教学信息资源的共享与优化

多媒体网络教学在高校体育教学中的应用为高校体育教学信息资源的共享与优化带来了全新的改革创新。多媒体网络教学平台为高校体育教学提供了一个汇集世界各地先进学校、研究所、图书馆等各种信息资源的庞大的资料库。网上体育教育资源库的种类有很多种，包含体育教育新闻、各类体育教育统计数据、体育教研论文等。在多媒体网络教学平台上，教学内容、教材、教学手段和辅助教学手段、考试等都可以因人而异，因需而异，多媒体网络教学自主选择性强，有利于实现资源共享。

（五）有利于提高体育教师的教学效率

在众多高校中，高校体育课程对体育教师的要求相对较低，在实际情况中，能够全面了解所有运动项目、完美示范所有技术动作的教师少之又少。体育教学的开展受到教师年龄、教师性别、教师个人能力等诸多因素的阻碍，而多媒体网络教学平台上有规范化的示范教学，可以保证学生接收信息的完整性和正确性。

（六）有利于打破体育教学地域性差异

我国各地区高校体育教学的开展受到多种因素的限制，多媒体网络教学的应用可以很好地解决这一问题。通过多媒体网络教学平台间的资源共享，可以实现高校间的有效互动；借助多媒体网络平台的即时通信功能，可以实现千里之外专家的"面对面"指导；通过远程摄像头，可以更好地实现体育课程的远程教学。同样地，各地区的高校学生之间也可以通过多媒体网络教学平台实现及时沟通与探讨性学习。

第三节 高校体育微格教学模式

微格教学（Microteaching）又被称为微型教学、微观教学等，它以现代教育理论为基础，利用先进的媒体信息技术，依据反馈原理和教学评价理论，分阶段系统地培训教师的教学技能。微格教学时间一般控制在 5 分钟～10 分钟，要求教师能够在较短的时间内完整呈现课堂内容，使学生听懂、理解。由于微格教学以少数的学生为对象尝试小型的课堂教学，因此，可以把这种教学过程摄制成录像，课后再进行分析。可以说，微格教学是提高教师教学水平的一条重要途径。

一、高校体育微格教学的设计原理与流程

（一）高校体育微格教学的设计原理

1.目标管理原则

高校体育教育专业使用微格教学法进行教学或者运动技能训练时，要注意微格教学的教学设计必须以实现课堂教学目标为先导，以教学技能为实现目标的手段。若偏离了课堂教学目标，不管运用了何种教学技能都是无意义的。同时，为达到预定的微格教学效果，教师必须熟练掌握并且灵活运用微格教学技能，明确教学技能的训练目标，这样才能更好地实现课堂教学目标。

2.系统设计原则

微格教学包括教师、学生、课程（教学信息要素）和教学条件（物质要素）四个最基本的教学系统构成性要素，涉及教学目标、教学内容、教学方法、教学媒体、教学组织形式、学习结果和评价等过程性要素及其相互关系，包含各种教学要素，是一种复杂的、微观的课堂教学子系统。体育教育专业的教师要善于划分课堂教学的子系统，在子系统优化设计的基础上达到总体优化。简单来说，就是注意在微格教学设计过程中，子系统技能训练和全系统技能训练的关系。

3.反馈和评价原则

如果用形成动作技能的条件反射学说和控制论思想解释体育专业微格教学训练和提高技能的本质，那就是利用多通道的反馈信息，根据条件反射的抑制原理，对已经形成的不良条件反射进行消退抑制、分化抑制、延缓抑制或条件抑制，促进生成良好的教学技能和运动技能。对于形成的教学技能和运动技能则不断强化，在大脑皮层内形成深刻的感觉记忆，最终形成完善的动作技能。在微格课程结束后，学生可及时观看自己的学习记录，并与指导教师和班级同学进行讨论评价，从而获得提高教学技能与运动技能的对策。

（二）高校体育微格教学的设计流程

1.教学设计

依照微格教学的特点，可把微格教学的教学设计分为五个阶段：

第一，根据体育教学大纲或训练计划，确定微格教学的内容，并且制定分析方法、评分标准。

第二，设计微格教学内容，确定微格课程主要关注的教学技能和运动技术。

第三，明确教师、学生或运动员行为规范。

第四，实施微格课程。

第五，分析与评价。

上述五个部分的内容互相影响，在进行微格教学设计时，教师要根据目标管理原则和系统性原则确定每一次微格教学实践课要解决的问题和目标，同时要明确需要解决的重点教学技能或运动技能中存在的问题。

2.教学技能综合训练评价

进行微格教学的目的就是通过微型课程，对学生的教学技能进行培训，其中特别重要的一点是对于在教学反馈调节过程中表现出的教学技能的合理性、技能组合的衔接、使用技能的应变能力等教师能力进行评价。在科学评价的基础上，通过反馈指导和改进教学方向与技能。

3.体育教育专业微格教学教案

和其他课程一样，开展体育课堂教学活动前也要编写教案。采用什么教案格式并不是最重要的，重要的是教案要简洁、实用。

二、高校体育微格教学对教师的技能要求

（一）导入技能

1.导入技能的运用原则

导入的类型多种多样，但在设计和实施中均应遵循下列原则：

（1）目的性

教师要明确导入技能教学的目的，无论采用何种导入方式都应该使设置的内容指向教学目标，服从于教学任务和目的，围绕教学和训练的重点。导入教学活动后，应该使学生初步明确本节课将学习什么、要解决什么问题、应该怎么学。与教学目标无关的内容不要硬加上去，不能只顾追求形式新颖而忽略实际内容质量。不要让导入内容游离于教学内容之外，而是要使导入成为实现教学目标的必要的组成部分。

（2）相关性

导入的相关性包括两个方面：一方面是指设计要与学生的年龄及思维特点相适应，导入内容尽量选择学生身边的情景，与学生的实际生活相关，这样才容易引起学生的注意和兴趣。另一方面是指在导入阶段要善于引导学生温故知新，揭示新旧知识、技能的关系，使导入的内容与新课的重点紧密相关。如果导入与内容脱节，不管导入多么别致、精彩，都不可能产生好的教学效果。

（3）趣味性

积极的思维活动是课堂教学成功的关键，富有启发趣味性的导入能引导学生发现问题，激发学生解决问题的强烈愿望，能创造愉快的学习情境，促使学生自主进入探求知识的境界，起到抛砖引玉的作用。教师在设计导入的时候，要根据教学目标、内容和学生的情况，选择发生在学生身边的、能引起学生好奇的材料。

此外导入的方式很多，设计导语时要注意配合，交叉运用。不能每一堂课都用一种模式的导语，否则就起不到激发学生兴趣、引人入胜的作用。

2.使用导入技能的注意事项

教师在上新课或引导学生学习新的内容时，要恰当地使用导入技能，把握好导入部分所占用的时间。另外，教师要在导入的时间里充分调动学生的学习积极性，使学生尽快投入新的学习中。

（1）把握导入时间

导入的时间要适宜。导入仅是一个"引子"，而不是将内容铺开地讲授，故导入时间不宜过长，一般以 2 分钟～5 分钟为宜。若导入时间过长，难免喧宾夺主，分散学生的注意力。导入时的语言力求简短明了，切忌冗长拖沓。因此在导入时一定要合理取材，控制好时间，力求做到恰到好处、适可而止。

（2）调动课堂气氛

导入是一堂课的开场白，是将学生由非学习状态转入本堂课学习的准备阶段，往往有安定学生情绪、激发学生学习兴趣、把握学习目标、拉近与学生的情感距离等作用。要较好地实现这样的作用，导入的设计很重要，同时，教师在课堂上如何实施导入设计也很重要。教师在开始导入的时候要注意观察学生的状态。有时上课伊始，学生的学习心理准备不充分，师生之间会有一定的心理距离；有时受气候或其他原因的影响，学生的精神状态或情绪不佳。这时，教师就要应用一些技巧，从感情上靠近学生、体谅学生，使学生尽快进入学习状态。另外，教师的精神状态也会直接影响到学生的学习情绪，如果教师自身缺乏课堂教学的激情和热情，学生就会受到影响，失去参与课堂的热情。教师在导入的时候，要根据导入的内容和学生的情况应用恰当的语音、语调、语气和措辞，以饱满的热情引导学生进入学习状态，最大限度地调动学生探求知识的主动性。

3.导入技能的应用策略

（1）引入新方法，集中注意力

在课堂教学中，学生的注意力是保证听好一节课的首要条件。因此，在教学过程中，教师应在学生集合后，抓住学生处于情绪尚未稳定、注意力尚未集中的时间，运用适当的手段或方法，使学生的注意力尽快集中到对体育知识、技能的学习上来。导入的目的是把学生的全部注意力吸引到所要讲述的问题上，为基本内容的学习做好准备。

（2）利用小游戏，激发学生兴趣

学习兴趣是一个人认识世界、渴望获得科学文化知识的积极的意向活动，学生只有对所学的知识产生兴趣，才会产生学习的积极性和坚定性。教师可以在体育课上组织一些小游戏，激发学生兴趣。

（3）循序渐进，衔接新旧技术

导入的意义在于承前启后，使学生有准备、有目的地进入新技术的学习。因此，好的课堂导入应该复习已学的基本技术，并引入新技术的辅助练习，在新旧技术之间架起桥梁的作用，为学生学习新技术铺平道路，明确目标，打下基础。

（4）巧设情境，愉悦情绪

教师设置与所学内容相关、有趣的情境，可以使学生愉快地进入学习，为新课的展开创设良好的条件。

（二）讲解技能

1.讲解的基本要求

（1）讲解要有目的性

讲解的目的要明确具体，教师要根据一节课的教学目的，明确每一段讲解内容。在知识上让学生学会什么、学到什么程度，在技能上让学生学会什么，这些都是教师在讲课时要考虑的首要问题。教师一定要明确：讲解是启发学生思维，而不是代替学生思维。

（2）讲解结构要明确

教师要在认真确定教学目标、分析教学的重点和难点、明确新旧知识相互联系的基础上，理顺知识结构的顺序、学生思维发展的顺序，提出系列化的关键问题，从而形成清晰的讲解框架。

（3）讲解要突出引导性

在讲解过程中，教师要注意引导学生去思考、分析和概括，培养学生独立的、不轻易相信他人的意识；引导学生形成独立的认识，在面对任何事物或问题时坚持自己正确的判断。教师要注重向学生传授学习方法，使学生会学、善学、乐学。

（4）讲解要注意反馈调控

在讲解中，教师要重视反馈，通过观察学生的表情、行为和操作，留意学生的非正式发言或无意的技能行为。及时收集讲解效果反馈信息，及时调整、控制教学，及时将理论联系实际，以达到教学目标。

（5）讲解要有实例

实例是进行学习迁移的重要手段，它包括学生熟悉的生活实例和已学过的体育知识实例。实例能帮助学生将熟悉的经验与新的知识与技能、原理和概念联系起来，教师要调整好举例的数量与质量（所举例子与概念之间的联系）。

（6）讲解要有针对性和可接受性

课堂讲解要有针对性和可接受性，即教师要根据学生的知识水平和心理特点，使用学生能够接受的语言进行讲解。讲解的针对性与可接受性相辅相成、密不可分，只有考虑到学生的实际情况，教师的课堂讲解才是学生能够接受的。学生能够接受的课堂讲解，必定是针对学生的知识水平、能力发展、心理状态等更具体的实际情况而进行的讲解。因此，教师在讲解时应因人、因时、因地、因事而定，绝不能千篇一律，重复同一个调子。

（7）讲解要与其他教学技能配合使用

实践经验证明，教师在讲解时只有和其他教学技能密切配合，才能提高讲解的效率。例如，教师借助提问加强反馈、教师边讲解边演示等都是常用的方式。一方面可以借此提高学生的学习兴趣，另一方面使学生多种感官同时参与学习，提高学习效率。教师在讲解时可以通过说话声调、速度的变化吸引学生注意。肢体语言在教师讲解中的作用很大，教师的一个手势、一个微笑都可以起到意想不到的作用。教师在讲解时还应该对学生的学习行为给予鼓励和肯定，以激发学生的热情。总之，教师在讲解时要采取多种措施，使学生"愿意学，学得会"。

（8）讲解语言要有趣味性与艺术性

课堂讲解的趣味性表现在教师上课时使用生动活泼、诙谐幽默的语言，结合教学内容进行生动的叙述、形象的描绘。但是教学语言的趣味性应该注意分寸、界限和场合，避免流于庸俗、低级，甚至污言秽语，污染教学环境。教学语言的趣味性应做到生动有度、活泼有节。

课堂讲解的艺术性首先表现在讲解语言的语音美，即讲解要口齿清楚、发音准确、吐字清晰，音质悦耳、嗓音甜润优美、富于变化，音速适度、音高合理、语速恰当。此外，课堂讲解的艺术性还表现在讲解内容的意境美，课堂讲解语言要做到语言准确、简明、通俗，构成鲜明的意境美。

2.运用讲解技能应注意的事项

第一，认真钻研教材，分析授课内容，确定讲解要点，避免模糊笼统地讲解。

第二，要考虑课与课之间、体育学科与其他学科之间的联系，力争做到循序渐进、承前启后、相互渗透。

第三，选择符合授课内容的讲解类型，根据课的不同部分和所授教材的内容特点，调整讲解方式，集中讲解、小组讲解和个别讲解三者互相配合，体现讲解的多样性。

第四，讲解前必须明确讲解内容的范围、重点、难点，以及与学生已学知识的联系，使讲解更集中明了，建立在一种知识发展的逻辑必然之中。

第五，讲解时，要在学生掌握的全部知识储备中，抽取与解决面临的问题有关的部分，作为引导、启发讲解的知识起点，促使学生运用已有的知识对问题进行思考。如果学生不能很好地解决问题，教师再给予详细的讲解。

第六，教师要寻找恰当的讲解形式，以便使讲解过程更有效率。

第七，讲解要简洁精练，抓住要点，保证学生有足够的练习时间。

第八，讲解要使全体学生都能听见，避免使用学生听不懂的、过于专业的术语。

第九，讲解要与其他教学技能相结合，提高讲解的直观性、生动性、形象性和趣味性。

3.讲解技能的应用原则

（1）精讲原则

精讲就是要做到内容精选、语言精练、方法精当、效果精彩。精讲必须简明扼要、提纲挈领、避免烦琐，力求达到举一反三的效果。精讲之精，体现了讲解的水平，也直接关系到教学的效率。精讲并非只是数量的要求，更是质量的要求。精讲就要求教师讲得精彩、讲得明白、讲得科学，要在单位时间里达到量少而质高的水平。

（2）启发性原则

教授新课程时，教师的讲解必须更具有启发性。教师在讲解过程中的主导作用，绝不体现在代替学生去寻找答案上，而应体现在引导学生自己去探索、比较、归纳、综合、解决问题上。讲解过程中，教师要以课程标准为指导，从教学实际出发。根据知识之间的逻辑顺序和学生的认知顺序，有计划地设置具有内在联系、条理清晰、层次分明的问题系统，环环相扣、层层深入，使学生的思路在教师的启发、引导下不断深入。这种科学的讲解方法，会使学生在复习旧知识的基础上加深对新知识的理解，这对发展学生的思维能力是非常有益的。

（3）直观性原则

直观性原则要求教师在教学过程中为学生提供有关的事实、实物和形象，为学生学习新知识、形成新概念奠定感性认识的基础。直观教学能把抽象的事物具体化，容易吸引学生注意，激发学习兴趣，促进学生对知识的理解和记忆。

（4）针对性原则

由于遗传、环境和教育条件等诸多因素的影响，每个学生的个性互不相同，知识、能力、情感、意志和性格等都有不同的特点。教师要通过调查研究，既掌握全班学生的共同特点，如学生的知识水平、接受能力和学习风气等，又了解每个学生的具体特点，如兴趣爱好、特长和优缺点等。这样教师才能针对不同学生的情况，从实际出发，因材施教，在统一授课的基础上，采取不同的讲解方式，传授体育健康知识和运动技能，教育不同的学生，使每个学生都能得到进步。

（5）系统性原则

系统化的知识便于理解、记忆和应用。在讲解到一定阶段时，教师要致力于知识系统化，把零散的知识归纳总结，使其连贯起来，串珠成链、结绳成网，形成系统化的完整知识，这可以在一节课结束时或一个单元结束时进行。但是必须注意，在知识系统化的时候，既要照顾教学内容的全面性，又要主次分明、突出重点。

（6）适时反馈和调控原则

教师在讲解过程中要注意学生的反应，要使讲解的发展过程与学生的思维、理解过程同步，要有针对性和交互性。把握好体育课堂教学信息的反馈，及时控制和调整讲解的方法和进程，以达到讲解的良好效果。

（7）艺术性原则

教师讲解的艺术性可以从语音、语句和无声语言等方面来考虑。教师的讲解应能做到声音悦耳动听、语调抑扬顿挫、语句幽默风趣、表情丰富生动、举止优雅大方、讲解循循善诱，使听课的学生如沐春风、如饮甘霖，不仅学到了知识、提高了能力，而且增加了修养、陶冶了情操。

（三）示范技能

1.运用示范技能的基本要求

（1）示范要有明确目的

示范是直观教学中的一种主要形式。教师在做每一个示范动作之前，要有明确的目的。为什么示范、什么时候示范、先示范什么、怎样示范，都要做到心中有数。在具体示范中要向学生讲清楚重点观察的内容。例如，教师教授新的内容时，为了使学生建立完整的动作概念，一般可先做一次完整的示范，让学生先观察，了解整个动作的形象、结构和过程，然后结合教学要求，把动作分解，用慢速或常速做重点示范。这样，完整示范就为重点示范做了必要的铺垫，并使重点示范的动作更加鲜明、突出，帮助学生较快地理解教师讲授的内容，达到预定的教学目的。

在教学的不同阶段，教师所采用的示范应有不同。教师无论采用哪种示范的方法，其目的一定要明确。以建立完整的动作概念为目的时，需要运用完整示范；以掌握技术动作的某一环节为目的时，可采用分解示范；以纠正错误动作为目的时，可采用正误对比示范。

（2）示范要正确、美观

示范正确是指教师示范时要严格按动作技术的规格要求完成，保证学生建立正确的动作表象；示范美观是指教师示范时要注意示范动作的生动和优美，保证示范可以引起学生的学习兴趣。体育教学中，教师的示范动作应力求做到正确、熟练、轻快、美观，这样不仅可以使学生建立清晰的动作表象，还可以激发学生的学习热情，提高学生的学习兴趣。

（3）示范时机要恰当

体育教师示范的时机关系到示范的效果和教学的连贯性。教师示范的时机是由学生的身体素质和学生对技术动作学习和掌握的情况所决定的。

首先，在新授内容时，教师应通过正确的动作示范给学生建立一个正确的动作表象，让学生知道将学习的内容和了解一个初步的动作过程，同时可以激发学生的学习欲望。

其次，在遇到重难点时，如何突出重点、化解难点就成为课堂教学的关键，正确的动作示范和准确的讲解可以有效地帮助学生突破学习中的重点和难点，提高学生练习的目的性和实效性。

最后，教授新的内容时，学生往往会因为初学而对动作的掌握出现明显的困难。因此，在大部分学生的学习出现共性问题时，就需要教师或学生重复地示范和教师点评。

学生有了基本掌握后，会进入难以提升或无法更优化动作的阶段。一旦学生遇到"瓶颈"，就需要教师（或学生）重复动作示范和更细致、更有针对性地讲解动作，使学生明白自身的问题所在和提升、优化的手段，以有效突破"瓶颈"现象。

一般来说，示范的时机是有规律可循的，但也因教师及其经验的差异而有所不同，并非固定的、机械的，只有符合教学目的、教学对象且具有良好的教学效果，才是适宜的示范时机。无目的、多余地重复示范，就会分散学生的注意力，降低教学效果。教师在示范时应注意以下三点：

第一，示范的位置和方向要便于学生观察。示范的目的是给学生作范例，所以要让全体学生都看得到、看得清。因此，教师的示范不仅要规范，还要特别注重示范的位置和方向。

第二，示范与讲解要有机结合。示范与讲解是体育教学中不可分割的一个整体，只有示范而没有讲解，学生只能看到一个具体的动作形象；只有讲解而没有示范，学生也只能获得一个抽象的概念。因此，只有将示范与讲解有机地结合起来，才能更好地发挥其作用。示范与讲解的配合方式有先示范后讲解、先讲解后示范、边讲解边示范等。在体育教学中选用哪种示范讲解配合方式，应根据教学的具体情况、所教授动作的难易程度、学生的年龄及心理特点等而定。实践证明，在教学过程中，只有把讲解与示范结合起来运用，才能让学生对技术动作建立完整、正确的概念，形成正确的表象，从而提高练习效率。教师可根据具体情况重复示范，并指出动作的重点和难点。总之，在体育课堂上，讲解和示范必须密切配合，互相依存，互相补充。因此，教师在教学中，要始终贯彻"精讲多练"的原则，使学生的直观感觉与思维活动有机结合起来，产生良好的效果，提高体育教学质量。

第三，示范的形式要多样化。示范要根据学生的实际情况，做完整示范、重点示范、分解示范、常速和慢速示范。例如，教师教授新的内容时，应先用正常速度示范一次完整的技术动作，使学生初步了解完整的技术结构，然后再根据课程内容放慢速度分解示范，使学生了解动作的要领、要求等，建立一个完整的动作表象。以武术为例，学生在初学时，教师应先用正常速度把整套动作示范一次，学生初步了解技术动作结构后，教师再根据课程任务，进行分解示范教学。另外，也可用直观教具进行示范，如录像、图解等，以弥补示范的不足，增加讲解的实效性。在练习的过程中，教师应针对学生存在的具体问题，让技术动作掌握得较好的学生进行示范练习，然后教师加以分析和点评，必要时教师可模仿学生的错误动作作为对比。如此，正确的技术动作会在学生的脑海中产生更深刻的印象，从而提高教学效率。

2.运用示范技能的原则

（1）服务性原则

动作示范是为顺利实施教学，指导学生学习运动技能的一种教学手段。因此，动作示范时必须自始至终围绕着具体的教学任务、内容及要求，根据教学活动的进展情况，结合教学实践，按整体、个体的需要进行。

（2）可行性原则

动作示范的运用，必须根据教学任务的要求、内容和进度，充分照顾到学生的自身条件，即学生现有的知识、技能及各自的认知能力等因素。同时也要考虑到教学环境和教学条件，所实施的示范动作必须能引起学生注意并形成正确的学习心理定向，在可行的基础上进行。

（3）指向性原则

动作示范的目的是让学生在学习过程中获得一个立体、直观、清晰的运动表象，建立正确的条件反射，进而建立正确的动作技术概念，消除心理障碍。因此，教师的动作示范必须根据学生的心理需要并结合实际，明确指向教学内容和需要解决的动作技术问题。

（4）针对性原则

动作示范的内容、形式、方法不同，所起的作用不同，得到的教学效果也不同。运用要根据学生实际和教学需要，有目的、有针对性地进行。

（5）实效性原则

动作示范要讲求实效性，教师要在示范动作规范、突出重点、确保质量的前提下，结合实际，选择好时机，使自己处于最佳的示范位置，控制好速度与节奏，确保全部学生都能进行有效观察。

三、高校体育微格教学的组织实施

微格教学是一项细致的工作，要有效地提高高校体育教师的教学技能，关键在于抓好微格教学全过程所包含的理论学习、示范观摩、编写教案、角色扮演、反馈评价和修改教案等环节。这些环节环环相扣、联系密切，削弱其中任何一个环节，都会影响培训的效果。教师应针对学生的实际情况，落实每一个实施步骤。

（一）理论学习和辅导

在微格教学实践和发展的过程中，融入了许多新的教育观念、教育思想和方法。微格教学是一种新的实践活动，有其深刻的理论基础，因此，学习和研究新的教学理论是十分必要的。理论辅导的内容包括：微格教学的概念、微格教学的目的和作用、学科教学论及各项教学技能理论。理论研究和辅导阶段要确定好教学的组织形式。通常在学习教学理论时，教师以班级为单位做启发报告，讨论和实践则以小组为单位。小组成员以6人为宜，最好是同一年级或班级的教师或学生。指导教师要启发小组成员尽快相互了解，对所研讨的问题有共同语言，成为伙伴。

（二）教学技能分析

微格教学的研究方法就是将复杂的教学过程细分为单一的技能，再逐项培训。教师可以根据培训对象的不同层次和需要，有针对性地选定几项技能。一般来说，师范生和刚踏上讲台不久的青年教师经过微格教学实践，可以及早掌握教态、语言、板书等方面的基本技能；有一定教学经验的教师可以通过微格教学实践，深入探讨较深层次的技能，有利于总结经验、互相交流、共同提高教学能力，以达到提高教师整体素质的目标。在技能分析和示范阶段，教师要做启发性报告，分析各项技能的定义、作用、实施类型、方法及运用要领、注意点等，同时给学生观看事先编制好的示范录像。

（三）组织示范观摩

1.观摩微格教学示范录像

（1）教学示范录像片段的选择

在选择示范录像时，教师要遵循两条原则：一是水平要高，二是针对性要强。示范的水平越高，学生的起点就越高；针对性越强，该技能的展现就越具体、越典型。

（2）提出观摩教学示范录像片段的要求

在观看示范录像片段前，教师要先提出具体要求，明确目标、突出重点，边观看边提示。提示时要画龙点睛、简明扼要，不可频繁，以免影响学生观看和思考。

2.组织学习、讨论、模仿

（1）独立学习

学生交流学习体会，各自分享观后感，讨论哪些方面值得学习。学生要对照录像，检查自己的动作与标准动作存在哪些差距。

（2）集体讨论

学生交换各自的意见，在需要学习的方面达成共识。指导教师也要参加讨论，重点指导。

（3）要点模仿

示范的目的是使学生进行模仿。实际上，学生在观看录像时就已渗透着模仿的意义，这里讲的模仿，主要是在指导教师的指导下进行重点模仿。此外，指导教师亲自示范或提供反面示范，对学生理解教学技能起到十分重要的作用。

（四）角色扮演

1.角色扮演的意义

角色扮演是微格教学的中心环节，在活动中每个学生都要扮演一个角色，进行模拟。

这样做改变了传统的"教师讲、学生听"的教学模式，给学生以充分的实践机会。

2.角色扮演的要求

角色扮演的要求主要有两个方面：一方面，扮演"教师"者要真实，按照自己的备课计划，在有控制的条件下训练教学技能；另一方面，扮演"学生"者要充分表现学生的特点，自觉进入特定情境。另外，在角色扮演过程中，任何人不要打断"教学"，让"教师"去处理教学中的"麻烦"，技术人员在拍摄过程中，不能对"教师"提出约束条件。

培养教学技能，必须通过真实的练习与训练。微格教学中的角色扮演，给学生提供了上讲台的机会，他们能把"备课"时的设想和对单项技能的理解，通过自己的实践表现出来。学生由原来被动的听课者变为教学活动的组织者，充分发挥了学生的主体作用，体现了微格教学的优势。

在微格教学实习室内，有教师（由学生扮演）、学生和摄像人员。每节微格教学课的时间控制在 10 分钟左右。为了使角色扮演的效果更佳，微格教学实践应该注意以下几点：

首先，在角色扮演前，指导教师要向学生说明有关角色扮演的规定。

其次，除了扮演"教师"者和其他学生以外，减少模拟课堂上其他无关人员的数量，这样当"教师"面对摄像头时能缓解紧张情绪。

再次，扮演"教师"者要把自己当成一个"纯粹"的教师，要把自己置身于课堂教学的真情实境之中，一切教学活动按照备课计划有控制地进行。

最后，扮演"学生"者要充分表现学生的特点，自觉进入特定情境。有时也可以让一名学生扮演常答错题的学生，以培养"教师"的应变能力。这名学生最好是"教师"平时的好朋友，这样初登讲台的"教师"能获得一种安全感。

（五）反馈评议

反馈评议阶段，首先由"教师"将自己的设计目标、主要教学技能和方法、教学过程等向小组成员进行介绍，然后播放微格录像，全组成员和教师共同观摩。观看录像后进行评议，可以由"教师"本人先分析自己观看后的体会，检查事先设计的目标是否达到，评估自我感觉如何，再由全组成员根据每一项具体的课堂教学技能要求进行评议。评议过程由以下三个环节构成：

1.学员自评

首先，照镜子，找差距。由"教师"扮演者分析技能应用的方式和效果，检查是否达到预期目标。

其次，列出优缺点，肯定成绩，找出不足之处。如果"教师"扮演者自己认为很糟、非常不满意，可以申请重新进行角色扮演和录像。指导教师可根据条件和时间，决定是否重录，尽量做到不挫伤学生的积极性。

2.组织讨论、集体评议

评议时应以技能理论为指导，分析优缺点，进行定性评价。根据量化评价表给出成绩，进行量化评价，提出建设性意见，指出如何做可能会更好。指导教师要注意引导，营造一种学术讨论的氛围。

3.指导教师评议

学生对指导教师的评价是十分重视的，指导教师的意见举足轻重。因此，指导教师的评价应尽量客观、全面、准确。对于扮演者的成绩和优点要讲足、缺点和不足要讲准。要注意保护学生的自尊心和积极性，要以讨论者的身份出现，讨论"应该怎样做、怎样做更好"。

（六）修改教案，反复训练

1.学生修改教案

根据本人录像，参考技能示范录像和技能理论，对照评议结果，针对不足之处，由学生自己修改教案。

2.进行重教

根据评议情况，学生进行第二次实践，重复上述过程。

3.再循环或总结

是否再循环，可以根据学生的具体情况及课时安排而定。当然，在课堂教学过程中，各项技能是交织在一起的，任何单项的教学技能都不会单独存在。例如，培训导入技能会重点研究导入的方式、新旧知识的联系、情境的创设等问题。导入过程必然用到语言技能，还可能用到提问、演示等技能，但是暂时不考虑这些技能，只重点考虑导入技能的应用情况。

因此，当各项教学技能都经过训练并达到一定水平以后，指导教师应安排学生进行各项技能的综合训练，也只有对教学技能进行综合训练，才可能最终形成教学能力。

第八章 高校体育传统项目教学模式探索

中华优秀传统文化在我国具有非常重要的地位，我国高校体育教学应不断结合传统文化对学生进行教育。通过高校的体育教学，发挥传统体育项目的重要精神和思想，不仅利于学生强健体魄，而且还有利于学生学习中华优秀传统文化，提高民族的认同感和归属感。基于此，教师要合理运用教学方法，进而通过改进并创新教学模式，提高学生的整体素质水平和体魄。下面以武术项目、技击运动项目和舞龙舞狮项目为例，探索高校体育传统项目教学模式的创新与发展。

第一节 武术项目在高校体育教学中的创新模式

武术是中华优秀传统文化的瑰宝，因此高校在开展教学工作中应充分了解武术的重要性，钻研出系统的武术项目教学方法，让学生在学习和练习的过程中获得民族认同感，并能更加深入地进行武术学习。

一、武术项目在高校体育教学中的应用现状

（一）传统体育教学模式仍占主导地位

传统体育教学模式一般指在某一教学思想和教学理论的指导下，运用传统的教学手段，为完成一定的教学内容而采取的教学形式。传统体育教学模式一直是我国学校体育

教学的主要模式，即以教师为中心，重视知识传授，忽视了学生的主体地位和对学生能力的培养。武术教学作为体育教学的一个组成部分，自然也无法摆脱这个模式。传统的"基本功—套路"武术教学模式就是在正式学习套路前，学生先进行基本功的学习和练习，并学习一些初级的套路。学生一般练习几年基本功，有了一定的武术基本功基础之后才能进行武术套路的学习。但是，传统的武术教学模式并不能满足高校体育课程教学的主要需求，因此应对传统体育教学模式进行改革。

（二）教学模式不完善

目前的高校体育教学模式有传统教学模式、小群体教学模式、"识图法"武术教学模式、口诀体验式武术教学模式、攻防体验式武术教学模式、发展学生主动性武术教学模式、自选项武术教学模式等。各教学模式虽各有优点，但也存在一些缺点。

1.传统教学模式

传统教学模式注重教师教的过程，缺点是过分强调课堂结构，过分强调教师的作用。

2.小群体教学模式

小群体教学模式的优点在于增加了学生间的交流与协同合作，激发了学生的学习热情，培养了学生的竞争意识。缺点是各小组之间可能因为竞争过于激烈而产生矛盾，容易出现难以预料的情况。

3"识图法"武术教学模式

"识图法"武术教学模式的优点在于通过识图达到掌握动作、培养能力的目的，通过各种识图练习，锻炼学生自学、互学、互评的独立学习能力，培养学生独立思考和创造的能力。缺点在于要求学生先具备基础的识图能力，尤其一些有难度的、复杂的套路动作。该模式对学生识图基础要求更高。

4.口诀体验式武术教学模式

口诀体验式武术教学模式的优点在于武术套路课教师不用一遍一遍地给学生演示动作，减轻了教师的工作量，学生也不会做了前面的动作而忘了后面的动作，只要念一遍口诀就可以检查自身动作，避免增加或遗漏动作的情况。缺点在于教师要提前编好教学口诀，这又在一定程度上增加了教师的工作量，增加了工作难度。

5.攻防体验式武术教学模式

攻防体验式武术教学模式的优点是有利于学生理解武术内涵，掌握武术套路。缺点是此模式属于套路与散打相结合的模式，不太适用于普通武术套路技术课的教学。

6.发展学生主动性武术教学模式

发展学生主动性武术教学模式的优点在于能够有效减少教师的工作量，启发学生思维，培养学生自主学习的能力。缺点在于学生无法在学习过程中及时得到教师的指导，容易形成错误的动作定型，不易改正。

7.自选项武术教学模式

自选项武术教学模式的优点在于可以突出学生的主体地位，发挥学生特长，满足学生的个性需要。缺点是学生可能选择自己已经学会的套路，不利于学生综合素质的提高。

二、武术项目在高校体育教学中的模式创新路径

（一）解放思想，转变观念，树立教学模式多样化意识

从高等教育的内部机制角度看，要积极关注大众化高等教育时代出现的一些新特点，稳步探索既能体现高校办学特色，又能满足社会和个体发展的新模式，做到多模式化教学。同时，进一步解放思想，转变观念，树立新的教学理念，摒弃旧的、落后的教学模式，采用一些能够突出学生主体性、突出武术特点、突出地方特色的教学模式。

（二）以多维的教学目标观设置教学目标

《全国普通高等学校体育课程教学指导纲要》（以下简称《纲要》）对高校体育课程提出了五个领域目标：

1.运动参与目标

积极参与各种体育活动并基本形成自觉锻炼的习惯，基本形成终身体育的意识，能够编制可行的个人锻炼计划，具有一定的体育文化欣赏能力。

2.运动技能目标

熟练掌握两项以上健身运动的基本方法和技能；能科学地进行体育锻炼，提高自己

的运动能力；掌握常见运动创伤的处置方法。

3.身体健康目标

能测试和评价体质健康状况，掌握有效提高身体素质、全面发展体能的知识与方法；能合理选择人体需要的健康营养食品；养成良好的行为习惯，形成健康的生活方式；具有健康的体魄。

4.心理健康目标

根据自己的能力设置体育学习目标；自觉通过体育活动改善心理状态、克服心理障碍，养成积极乐观的生活态度；运用适宜的方法调节自己的情绪；在运动中体验运动的乐趣和成功的感觉。

5.社会适应目标

表现出良好的体育道德和合作精神，正确处理竞争与合作的关系。

因此，高校应充分考虑《纲要》的要求，以多维的教学目标观来设置武术套路技术课的教学目标。

（三）加强教学模式的改革

随着高校教学本位功能的回归，教学模式的改革日益受到重视。一个教学模式的建立对应着某种教学目标的达成，但是任何一种教学模式都不是教学改革的最终模式，教学模式是随着教学改革的不断发展而不断演进的。高校应敢于改革创新，敢于实践。武术套路技术课教师也应跟随时代的步伐，顺应教学改革趋势，以终身体育为基准，以突出学生主体性为指针，加强对教学模式的改革。

（四）加大对教师的培养力度

武术套路技术课教师的理论基础水平直接影响武术套路技术课的教学质量与效果，因此应该加强对教师的培养力度，定期对教师进行考核，优化师资队伍结构。各高校还可以定期对教师进行专项培训，或举办各种形式的武术教学与科研活动，在巩固其教学理论基础的同时，让教师学习武术专业的新技术、新理论、新方法。在学习中，教师可以发现自己在教学方面存在的问题，在总结的基础上及时解决问题，从而提高武术套路技术课的教学质量。还可以组织教师互相观摩教学，聆听专家讲座，开展说课、评课活动，撰写课后反思，等等。多层次、多角度的交流实践既能够提高教师自身的专业理论素养，又能够培养教师的教学实践能力。

（五）结合现代化技术，使教学方法和手段多样化

教师应该重视和倡导学生在学习中的自主性和探索性，不断创新教学方法和手段，激发学生学习武术套路的积极性。比如，教师可以运用多种教学方法，保留一些有价值的传统教学方法，如讲解法、分解法、演示法、比赛法等；也可以采用新的教学方法，如表象法、启发法、诱导法等。在保留有价值的传统教学手段的基础上，采用新型教学手段提高武术套路技术课的教学质量。教师可以将学生的练习过程录制下来，供学生对照，帮助学生纠正错误动作。此外，教师在注重"教法"的同时，应重视学生的"学法"，不要自始至终地采用集体练习法，可以利用其他方法，如探索练习法、自主练习法、同质分组法等。总之，在武术套路技术课教学过程中，教师要采用多种有效的教学方法和手段，使课堂变得丰富多彩，以此激发学生学习和锻炼的积极性。

（六）更新教学评价方法，使多种评价方法并存

武术套路技能评价复杂而感性，只采用一种教学评价方法难免会让教学活动僵化。所以，教师可以采取教师评价、学生自评、师生互评、学生互评相结合的方法，多角度地进行教学评价，使教学评价形式多样化、可选择化。在评价内容上，可以从套路的完成情况和动作的规范性、标准性、节奏、熟练程度等方面考查学生对武术运动的特点、内涵、规律性等的掌握与运用情况，考查学生对武术以及与武术相关的知识的了解与掌握程度。

第二节 技击运动项目在高校体育教学中的创新模式

技击的"技"，含有技术、方法的意思；"击"含有击打、格斗的意思，技击即技术击打。技击运动最初是以徒手的形式进行的，现代技击指的是两人徒手以踢、打、摔、拿等技法，按照规定进行对搏的一项运动。技击是技击者体力、智力、技法、技巧、心

理意志等的综合抗衡，具有高度的攻防实战性和激烈的对抗性。下面以散打运动为例，论述散打运动在高校传统体育教学中的创新，旨在为其他技击运动提供教学思路。

一、散打运动在高校传统体育教学中开展的意义

（一）促进学生的全面发展

在高校传统体育教学改革中，若想真正贯彻"健康第一"的教育指导思想，全面提高学生的身心健康水平，调动学生学习、锻炼的积极性，就必须改变以往体育教学内容单一，教学过程重技术、轻健身，忽视学生心理发展的教学模式。在高校体育教学中开展喜闻乐见的散打教学，不仅可以补充和完善学生对体育项目的了解，丰富学校体育的教学内容，还能够充分调动学生参加体育锻炼的积极性和主动性。另外，散打项目具有健身性、竞技性、观赏性、娱乐性，符合高校学生活泼、积极向上的心理特点，而且散打技术动作简单易学，能够让学生在欢快愉悦的情景中体验运动的激情，享受运动带来的快乐，获得身心的健康发展。

（二）激发学生对体育锻炼的兴趣

武术是高校体育教学的重要内容之一。多年来，武术课程在高校得以普及，对弘扬优秀民族文化、增强学生体质发挥了重要作用，但是也存在许多不足。比如，朝气蓬勃的高校学生可能会对一些"慢条斯理"的武术套路动作（如太极拳）产生抵触心理，课程所传授的内容与学生的要求差距大，学生"学完、考完、忘完"的现象较普遍，忽略了武术特有的技击性这一特点。

散打的技术动作较多，针对性和随意性互不矛盾，技术动作和战术要求因人而异，能充分发挥学生的创造力和想象力，激发学生的潜能，使学生获得成就感。另外，散打易激发学生对体育锻炼的兴趣，无须记"套路"，学生容易实现短期目标，较快掌握攻击和防卫的战术要领，从而在课余时间自觉锻炼，巩固和拓展课上所学知识，并最终养成终身体育意识。

（三）教学场地灵活多样，节约资源

体育教学常以传统体育项目，如球类、田径、游泳、武术等为主，非传统体育项目

开设课程很少。散打对场馆设施和硬件设施的要求并不高，甚至比传统体育课的要求还低，只要室内、室外有一块平整的地面即可进行教学。在器材上，散打只需要配备一副拳套和脚靶就可以满足基础教学需要。这样的课程可大大减少学校对体育教学的投入，节约资源，既经济又具有实效性，所以高校开设散打课程是非常必要的。

（四）增强学生对终身体育的理解

培养高校学生的终身体育意识、习惯和能力是高校体育教育的目标之一。高校体育教学既要使学生的身心得到锻炼，又要让学生学会并掌握一些锻炼身体的方法，为毕业后从事终身体育活动打下良好的基础。

当前，高校学生毕业走上工作岗位后，主动参加体育锻炼的人越来越少。出现这种现象的原因有很多，或是工作和家庭压力过大，或是对体育活动缺乏兴趣，或是没有掌握锻炼身体的技术方法……因此，高校有必要拓宽和加深体育教学内容。通过适当简化比赛规则、降低难度，散打完全可以符合高校体育教育的目的，从竞技体育向高校体育转化。帮助学生掌握一些行之有效的健身方法和手段，有利于培养学生的终身体育意识，增强学生对终身体育的理解，帮助学生养成参与体育锻炼的习惯。

二、散打运动在高校传统体育教学中的应用现状

（一）内容有限，缺少吸引力

目前，大部分高校传统体育教学的内容以武术为主，多是青年长拳、初级剑和太极拳等，而散打、中国式摔跤等项目只有在体育院校和拥有体育学院的综合性高校，才会开设一定数量的选修课，以致高校出现仅用"武术"一项来泛称传统体育的情况，很多具有吸引力、易于开展、趣味性强、健身效果明显的项目被"拒之门外"。

（二）师资力量仍显薄弱

长期以来，高校开展传统体育教学时的主要困扰是师资力量薄弱，缺乏能教授散打的教师。据了解，不少教授传统体育的教师（包括部分武术专业教师），虽然能掌握一定的套路教学方法，但对散打等课程的理论、技术的教学方法掌握得相对不足，缺乏这方面的专业基础和实践经验。少数院校还缺少对体育教师的培训，造成部分体育教师只

凭理论知识进行实践课教学。

三、散打运动在高校传统体育教学中的模式创新

（一）情境教学法在高校散打教学中的应用

1.情境教学法的特点

情境教学法是通过创设情境，刺激学生的多种感官，把教学内容融入具体形象中的一种教学法。如今，情境教学法的应用更为广泛，并呈现出以下特点：

（1）能够充分调动学生的情感

情境教学法的最大特点就是创设出一种仿真的场景，让学生有一种身临其境的感觉，从而充分调动学生的参与积极性。比如在普通的体育课程教学中，在对学生进行身体素质的强化练习时，学生常因反复练习某个动作而产生厌烦、懈怠、疲乏的身心反应，如果教师适当播放慷慨激昂的歌曲，或者给学生讲述一些中华武术名人的故事，便会产生一定的激励效果。

（2）有利于学生进行想象和独立思考

情境教学法改变了完全由教师进行讲解示范的教学法，让学生自己进入相应的情境中，观察、思考、摸索、模拟、练习，更有利于学生独立思考，从而对散打技术的理解更加透彻，帮助学生快速进入状态。

（3）有利于散打技术和战术的学习

散打是一项对抗性的运动，除了让学生通过实战演练掌握技术动作和战术意图外，还可以利用现代信息技术创设情境，让学生感到面对的是真实的对手，然后思考采用什么技术动作才能化解对方的攻势。

2.情境教学法在散打教学中的应用途径

（1）准备阶段快速进入学习状态

课堂导入对一节课的成败起着至关重要的作用，如果处理得好，会激发学生的学习欲望，之后的教学便会水到渠成，学生也会很快从课前松散嬉闹的状态进入学习状态。教师可以播放散打比赛的录像，或讲述中国武术名人的故事等，都是很好的课堂导入的方式。

（2）在教学过程中创设情境

第一，通过技术手段创设情境。散打通常是在室内教学，因此音频、视频、课件等都可以为学生创设情境。教师可以利用现代信息技术，如虚拟现实技术等创设虚拟场景，让学生和虚拟的对手对打，这样既可以培养学生的判断能力，锻炼学生的反应能力，又可以激发学生的学习兴趣。

第二，通过布置环境创设情境。教师可以通过布置环境来创设情境，如在训练的体育馆或者教室周围贴上激励人的标语、优秀散打运动员的照片，按照正式比赛场景布置教学环境，等等。学生上课时会有一种仪式感，可以提高学生学习的主动性。

第三，在放松阶段运用情境教学法。散打教学结束之后，需要进行拉伸放松活动，缓解学生身体的紧张状态，避免学生受伤，让学生尽快恢复到锻炼之前的身心平静状态。在放松阶段采用情境教学法，可以帮助学生尽快恢复身体状态。

3.应用情境教学法的注意事项

（1）重视情境的创设

运用情境教学法时，最重要的是情境的创设。教师要充分利用现有教具，创设根植于现实生活的各种情境，并在平时注意搜寻创设情境的素材，学习创设情境的方法。教师可以综合运用各种创设情境的手段，如现代信息技术、语言描述、物品摆放等。

（2）情境教学法和其他教学法的配合使用

情境教学法最重要的功能就是通过创设情境吸引学生的注意力，激发学生的学习兴趣，让学生尽快投入状态。当然，有的情境创设方法还承载着教学内容，但相对较少。情境教学法要和其他教学法配合使用，如教师播放散打比赛的录像后，可以让学生以小组为单位进行探讨，引导学生想象如果自己是某方散打选手，应该怎样应对，然后交流讨论，寻找更好的应对方式。

（二）俱乐部教学模式在高校散打教学中的应用

1.俱乐部教学模式的概念及特点

（1）俱乐部教学模式的概念

俱乐部教学模式是指以学生的兴趣爱好为指导，打破常规班级界限，突破时间、空间限制，围绕教学内容进行针对性教学的一种教学模式。

（2）俱乐部教学模式的特点

①俱乐部将有相同兴趣爱好的学生聚集在一起，能够有效调动学生学习、训练的积

极性。

②俱乐部教学模式突破了传统的教学模式，更加强调人本理念，根据学生特点制订更具针对性的教学计划。

③俱乐部教学模式受时间、空间影响更小，能够拓展丰富的教学内容，让学生之间的交流沟通更加顺畅。

2.俱乐部教学模式在高校散打教学中的应用策略

（1）提高认识，加大投入，改善散打教学环境

场地与器材是高校高质量开展散打教学的前提条件，对调动学生学习的积极性和训练热情具有重要作用。因此，高校应对散打教学加大资金支持，建设高质量教学场地，配备必要的器材设施和装备护具，让散打教学的硬件条件得以改善。

（2）坚持"以学生为本"，充分结合学生兴趣

以学生为主导正是俱乐部教学模式的精髓所在，高校散打俱乐部教学模式在应用中要坚持"以学生为本"，开展教学前要充分了解学生的特点、兴趣和个体差异，从而制订有针对性的教学计划，展现更加丰富的教学内容，体现出俱乐部教学模式的人本性和灵活性，在兴趣的引导下提高散打教学的质量。

（3）强化武术精神的学习，深化武德教育

中国武术博大精深，武术精神更是源远流长，将俱乐部教学模式应用于高校散打教学中，应引导学生细心钻研、深刻领会武术精神，加强武德教育，引导学生增强社会责任感，不断提升自我修养。

（4）课上课下相结合，积极延伸教学

高校传统武术散打教学的突出问题是教学实践课时不足，导致教师教学赶时间，学生学习"囫囵吞枣"。在应用俱乐部教学模式的过程中，高校散打教师要积极引导学生在课后积极参加集中训练，并充分利用现代信息技术加强交流沟通，实现教师及时答疑解惑，同学之间随时切磋，以充足的训练时间和融洽的学习关系促进散打教学课堂内外的有机融合。

（三）体育游戏模式在高校散打教学中的应用

1.体育游戏在散打教学中的作用

（1）有利于增强学生的体能

体育游戏通常作为一种体育教育手段存在，具有很强的综合性和锻炼性。在日常的

体育教学中，学生参与体育游戏的目的往往是体验有趣的游戏过程，是自觉、自愿的，而非强迫的。这种自觉、自愿的活动能激发学生的主观能动性。又因体育游戏的形式多样，比起专业的体育课程来说更活泼，这种寓教于乐的学习氛围能最大限度地调动学生的学习积极性，全方位地锻炼学生的身体素质。

（2）有利于培养学生的良好品德

体育游戏与人的品德培养是密不可分的。在散打教学中，学生在参与具有对抗性、竞争性的游戏时，其自身的进取精神得到了激发，此类体育游戏还可以培养学生顽强、拼搏、勇敢等优秀品质。此外，游戏也是有一定规则的，学生在游戏中也能逐渐养成遵守规则的好习惯。

（3）有利于启发学生的思维

所有的体育比赛都不只是体力的竞争，还有智力的竞争，散打比赛也不例外。体育游戏的动作、环境、条件不断变化，促使学生的认知能力、接受能力和创造能力都得到提高，进而促进学生智力的发展。

（4）有利于学生的心理健康

体育游戏通常能使参与者心情愉悦，正面的情绪对人的心理健康有着积极影响。学生投身游戏环境，能暂时摆脱现实生活中的烦闷与苦恼，其心理压力能得到一定的释放，保障心理健康。此外，若参与者在游戏中胜出，他们能从中获得极大的自信心、自豪感和满足感。

2.体育游戏在高校散打教学中的运用方法

（1）提高学生的灵敏性

灵敏性是散打选手必不可少的能力之一。要提高学生的灵敏性，可以在散打教学中加入"摸肩"游戏。所谓"摸肩"游戏，就是两名参与者呈格斗式站立，结合散打步法，快速用手接触对方的肩部，若接触到则记一分，一定时间内分数最高者获胜。类似的游戏还有"拍手背"等，目的都是提高学生的灵敏性。

（2）提高学生的柔韧度

若想协调地完成散打动作，人体的柔韧性十分重要，高校教师可以在散打教学中加入"一字阵""钻人桥"等体育游戏提高学生的柔韧性。在一系列的体育游戏中，学生身体的柔韧度能得到有效的开发和提高，同时，因为游戏的趣味性，学生不再抗拒柔韧训练，而是乐于训练。

（3）发展学生的上肢力量

散打项目对人体上肢力量的要求是非常高的，因此，教师要充分认识到训练学生上肢力量的重要性，加强学生在上肢力量方面的训练。在教学中，教师可以加入"长臂猿云梯"的游戏。"长臂猿云梯"借助云梯进行训练，学生需要从云梯的一端，利用上肢力量，双手抓住云梯交替前进，直到到达另一端。这一游戏是训练上肢力量时的常用方式，它比常规的俯卧撑训练更具趣味性和吸引力，能激发学生的训练积极性。

（4）发展学生的下肢力量

下肢力量对散打教学非常重要，直接影响选手步法的灵活度、腿法动作的力度和速度。因此，教师在散打教学中要注重对学生下肢力量的训练，"跳换弹腿"比赛就是一个不错的选择。这一比赛需要将学生分为两队，两队成员手拉手相对而站，呈右腿下蹲、左腿向前伸直的状态。学生需要根据教师发出的口令变换姿势，坚持次数最多的一方为胜。此类比赛不仅训练了学生的下肢力量，还有效锻炼了学生的判断反应能力和灵活性。

（5）提升学生的抱摔能力

抱摔能力是散打教学中必不可少的能力之一。"拔腰"游戏可以很好地锻炼学生的抱摔能力，加强学生的下肢支撑力，提高学生的身体灵活性和爆发力。具体的规则是将学生分为两组，两组成员相对而立，双方互搂腰部，弯背屈膝，用力将对方抱起，若对方脚离地，则获胜。

第三节 舞龙舞狮项目在高校体育教学中的创新模式

舞龙舞狮运动是我国传统体育项目中具有特色和代表性的运动项目之一，有强身健体、修身养性、娱乐观赏、竞技比赛等功能，是其他体育项目不可替代的。舞龙舞狮之所以能够传承和发展，与我国民族文化、习俗和生产劳动实践有着密切关系。由于高校舞龙舞狮教学的发展历程较短，相关的教育教学经验较少，所以在教学实施的过程中仍然存在一定的不足。基于此，创新高校舞龙舞狮教学模式十分重要，这不仅有助于优化高校舞龙舞狮教学策略，还能为我国高校舞龙舞狮教学活动的健康、良性发展提供一定的参考，为其他娱乐运动在高校的进一步发展提供可借鉴的经验和模式。

一、高校舞龙舞狮教学的开展状况

舞龙舞狮教学是在 2000 年后才在我国高校中逐渐得到普及和发展的。2001 年至 2004 年，有少数高校开设了舞龙舞狮运动项目，这一阶段可以被看作我国高校舞龙舞狮教学发展的初级阶段，不但开设舞龙舞狮课程的高校数量比较少，而且在课程形式和课程内容上也比较单一，主要是以课余代表队的形式开展舞龙舞狮教学训练。在 2004 年，中国大学生体育协会舞龙舞狮分会正式启动了"全国百校龙狮进课堂"推广计划，之后开设舞龙舞狮课程的高校数量开始明显增多，多所高校开设了舞龙舞狮课程，高校舞龙舞狮教学开始进入快速发展阶段。

二、舞龙舞狮在高校体育教学中的模式创新

（一）"学训结合"模式在高校舞龙舞狮教学中的应用

1."学训结合"模式的优势

"学训结合"模式较其他教学模式有以下两方面的优势：

第一，有助于提高学生的舞龙舞狮技能。由于授课方式和内容上的创新和改进，学生会对舞龙舞狮有更深层次的理解和认识，舞龙舞狮技巧掌握得更深入。

第二，有利于挖掘优秀学员，提升学生的个人素质，增强学生的团队合作意识。

2."学训结合"的预期效果

大部分学生在达到教学要求的基础上，能增强体魄和团队合作意识；少部分学生不但能达到教学要求，对舞龙舞狮技巧的掌握更加深入透彻，而且有机会加入学校的舞龙舞狮队，获得更大的发展空间。

（二）多元反馈教学法在高校舞龙舞狮教学中的应用

多元反馈教学法是在现代教学理论的基础上提出的一种基于教师、学生和教材之间

相互反馈的一种教学方法。教师在课堂上传输信息，让学生在大脑中剖析、思考信息；学生经过内化吸收，再以回答问题、完成作业、自我检测、考试、探讨等方式输出信息。这些输出的信息会得到教师和同伴的反馈，通过反馈，学生调节学习节奏，按照教师设定的教学目标、适合自己的方式学习，积极思考，从而建立多元的反馈学习模式。

目前，多元反馈教学法在体育教学中的应用已经较为成熟，在舞龙舞狮的课堂中引入多元反馈教学法同样收到了良好的效果。舞龙舞狮作为集我国的历史、文化和体育于一体的体育运动，有良好的群众基础，学生对舞龙舞狮本就带有好奇心，这对在课堂上提高学生的参与积极性有较大帮助。在课堂上引入多元反馈教学法，有利于提升学生学习的主动性和创造性，学生的综合素质也能因此得到提高，课堂氛围也将更加融洽。在舞龙舞狮的课堂中引入多元反馈教学法还要注意以下问题：

1.信息反馈要及时

信息的多元化反馈是"多元反馈教学法"的主要路径，及时有效的反馈是教学过程完整、教学内容流畅的关键。在舞龙舞狮活动中，流畅的沟通至关重要。学生对舞龙舞狮的历史、舞龙舞狮的意义等要有深刻的理解，才能舞出龙和狮的精神，才能达到教学目的。

2.反馈手段多样化

舞龙舞狮课堂的反馈手段不能单一，要多样化，如视觉反馈、听觉反馈、动觉反馈等。多元化的教学反馈能够激励反馈双方向着正确的方向前进。学生在学习中感到学有所得，不仅提高了舞龙舞狮技能，还学到了更多的理论知识，对场景的把控能力也有不同程度的提高。

3.教师素养不断提高

在舞龙舞狮课堂中采用多元反馈教学法，对教师来说是一个挑战。这需要教师有非常强的课堂把控能力、敏锐的观察能力、对学生反馈及时把握和调整的能力，以及把自己的信息用一种学生能快速接受的方式及时反馈给学生的能力。通过多元反馈法教学，教师在专业基础知识与技术、舞龙舞狮的历史、教育心理学的理解等方面都会有所加强和提升。同时，多元反馈教学法对教师的教育教学方法应用也提出了更高的要求。因此，多元化反馈教学法既锻炼了学生，也锻炼了教师，有利于教师素养不断提高。

4.有针对性地评价教学过程

在舞龙舞狮课堂中采用多元反馈教学法，在对学生做出评价时要有针对性，不能一概而论。要透过现象看本质，对深层的原因要合理分析，在多元反馈教学的基础上做出中肯的反馈和评定。

（三）PBL教学模式在高校舞龙舞狮教学中的应用

1.PBL教学模式的理念

PBL（Problem Based Learning，基于问题的学习）教学模式是一种以问题为导向的教学方法。对于"基于问题的学习"的含义，不同的学者有着不同的理解。PBL既是一种课程，又是一种学习方式。PBL教学模式是以案例为先导、以问题为基础、以学生为主体、以教师为导向的小组讨论式的教学模式，其精髓在于锻炼学生分析问题和解决问题的能力。作为课程，PBL包括为学生精心选择和设计的问题，而解决这些问题要求学生能够获取关键的知识，具备熟练地解决问题的技能和自主学习的策略。作为一种学习方式，学生要使用系统的方法去解决问题，处理在生活和工作中遇到的难题。

舞龙舞狮项目一般分为规定套路、自选套路和竞速舞龙舞狮。舞龙舞狮的教学与训练一直面临着一些问题，如不同学生在同一技术组合或规定组合动作中的进步速度和水平不同，同一学生在不同的技术组合或自选组合动作中所表现出的能力各不相同，不同学生在不同的技术组合和自选套路中呈现不同的艺术审美、表现力等，造成综合能力的偏差。PBL教学模式较好地解决了舞龙舞狮教学与训练的冲突，激发学生学习的积极性、主动性和创造性，培养学生的协同性和互助性，能更好地培养学生的综合能力，也能促进指导教师业务水平的提高，真正做到教学相长。

2.PBL教学模式在高校舞龙舞狮教学中的实施现状

PBL舞龙舞狮教学模式是由教师将舞龙舞狮课程分为若干技术模块，并将学生分成小组，学习每个技术模块时，先由教师提出"情景性、比赛性、实用性"为一体的复杂技术学习问题、技能迁移中可能遇到的问题、演练比赛过程中易失误的问题，然后指导小组内部分工协作，通过自主合作探究，让学生自行建构舞龙舞狮基本技术体系，掌握舞龙舞狮技能，协作完善动作规格，然后本组成员自主探索学习，初步技能定型，通过检查、评价，实施反思、纠正，舞龙舞狮技术动作进一步得到巩固定型，并总结和反思在整个过程中学到的技能和知识。

PBL舞龙舞狮教学模式的精髓是利用具体技术问题和情景演练效果作为引导学生自主获取和应用新技能的驱动力，有利于培养学生的探究意识与团结协作能力，而这些正是我国高等院校体育教育追求的目标。然而基于高校舞龙舞狮教学现状，将PBL教学模式应用于舞龙舞狮教学实践会遇到如下困难：

第一，PBL 教学模式要求教师具备很高的理论水平和实践能力，否则就会把舞龙舞狮技术动作的衔接割裂开来，不利于学生对舞龙舞狮整套技术的掌握。目前多数高校的舞龙舞狮教师普遍理论水平偏低，要求每位教师在教授舞龙舞狮课程时都全面使用 PBL 教学模式显然不现实。

第二，PBL 教学模式对学生素质的要求较高，一般来讲，学生有一定的武术功底能更好地练习。只有能够积极主动地学习、不怕困难，掌握较高学习技能兼具分工协作能力的学生，才能从 PBL 教学模式中受益。

第三，PBL 教学模式要求学生能从外界获取大量的舞龙舞狮教学资源（如比赛经验、网络视频、训练情景模拟等），资源缺乏容易导致自主协作学习无法实现。

3.PBL 教学模式在高校舞龙舞狮教学中的创新策略

舞龙舞狮知识技能的认知与延伸，正是对舞龙舞狮教学过程的整合与情境设计。因此，在实际的舞龙舞狮教学中，要发挥 PBL 教学模式的最佳效果，必须遵循三个转化，即从技术同化到技术平衡的转化，从教学输出到教学互动的转化，从角色差异到师生双主体的转化。

参 考 文 献

[1]谢宾，王新光，时春梅.高校体育教学与运动训练研究[M].长春：吉林人民出版社.2021.

[2]王丽丽，许波，李清瑶.教育技术在高校体育教学中的实践探索[M].长春：吉林人民出版社.2021.

[3]于炳德.高校民族传统体育教学改革[M].哈尔滨：哈尔滨出版社.2020.

[4]刘汉平，朱从庆.我国高校公共体育课程教学的发展与改革探究[M].长春：吉林人民出版社.2021.

[5]温正义.高校体育教学与大学生体育实践能力培养研究[M].北京：北京工业大学出版社.2021

[6]郝乌春，牛亮星，关浩.新时代背景下高校体育教学改革与发展研究[M].北京：中国商业出版社.2021.

[7]朱明江.新时代高校体育教学理论解析与模式创新研究[M].北京：中国水利水电出版社.2021.

[8]李慧.高校体育教学改革与科学化训练研究[M].沈阳：辽宁大学出版社.2021.

[9]徐杰，娄震."课程思政"视域下的高校体育教学研究[M].北京：九州出版社.2021.

[10]马顺江."互联网+教育"背景下高校体育教学创新思路研究[M].沈阳：辽宁大学出版社.2021.

[11]吴广，冯强，冯聪.高校体育管理体制与教学改革研究[M].北京：研究出版社.2020.

[12]朱海莲.普通高校特殊体育教育教学研究[M].杭州：浙江工商大学出版社.2020.

[13]邱天.高校体育创新思维的教学与实践[M].厦门：厦门大学出版社.2020.

[14]梁田.高校民族传统体育教学模式的创新性研究[M].长春：吉林人民出版社.2020.